D AWN S TEFANOWICZ

EL IMPACTO
DE LA
PATERNIDAD
HOMOSEXUAL

SALIR DEL HOYO

TABÚ

TABÚ

Doctor Erazo 120, Colonia Doctores
C.P. 06720, México, D.F.
Tel. (0155) 51 34 05 70
Fax. (0155) 51 34 05 91
Lada sin costo: 01 800 821 72 80

El impacto de la paternidad homosexual. Salir del hoyo
Título de la obra original: *Out from under: The impact of homosexual parenting,*
de Dawn Stefanowicz

Traductora: Martha Baranda Torres
Diseño de portada: Socorro Ramírez Gutiérrez
Crédito de la fotografía: Dawn Stefanowicz

ISBN (de la edición en inglés): 978-1-59977-011-6

D.R. © Selector, S.A. de C.V. 2011
        Doctor Erazo 120, Col. Doctores
        C.P. 06720, México, D.F.

ISBN: 978-607-453-086-5

Primera edición: febrero de 2011

Sistema de clasificación Melvil Dewey	
176 S51 2011	
	Stefanowicz, Dawn *El impacto de la paternidad homosexual. Salir del hoyo* / Dawn Stefanowicz, trad. Martha Baranda Torres.— Ciudad de México, México: Selector, 2011
	240 pp.
	ISBN: 978-607-453-086-5
	1. Homosexualidad. 2. Obscenidad. 3. Relaciones familiares.

Aprobaciones

El impacto de la paternidad homosexual. Salir del hoyo es una historia de víctimas y supervivientes, de los preciosos dones de la fe y la esperanza, de nuestra necesidad universal de perdonar y ser perdonados y del triunfo del verdadero amor.

La mayoría de la gente está consciente de los intentos judiciales y legislativos para redefinir el matrimonio como una institución no relacionada con los hijos. Oculto del público en general crece un movimiento dentro de la psiquiatría que pretende normalizar las parafilias, incluso el abuso sexual de los menores. Resulta fácil ver cómo estos dos movimientos se cruzarán pronto. Éste es el motivo por el cual el mensaje de *El impacto de la paternidad homosexual* es tan crítico en este momento.

La historia de Dawn Stefanowicz es un testimonio de la devastación que ataca a los niños por medio del abuso sexual y otros elementos inherentes a la subcultura homosexual. Por esta razón, *El impacto de la paternidad homosexual* es un texto esencial para cada legislador, abogado, médico y profesional de la salud mental que esté en una posición de defensa de los mejores intereses de los niños.

"Que la sociedad escuche con atención el valiente testimonio de Dawn y evite a otros inocentes el sufrimiento que ella y sus hermanos soportaron. Debemos rehusarnos a sacrificar a nuestros hijos ante el altar de la diversidad."

Michelle A. Cretella, MD
Buró de Directores, Colegio Estadounidense de Pediatras
Presidenta del Comité de Sexualidad, ACP, Estados Unidos de América

"*El impacto de la paternidad homosexual* es un relato personal expresado con una narrativa emotiva. Stefanowicz nos narra acerca de la enorme carga que colocó sobre sus hombros cuando era muy pequeña; una carga demasiado pesada para cualquier niño. Esta historia nos obliga a ponderar la vulnerabilidad de los infantes, el sufrimiento humano y el significado mismo de la vida."

Senadora Anne Cools
Ottawa, Canadá

"Dawn Stefanowicz tiene el valor de escribir un libro políticamente incorrecto. Ella tiene ese derecho porque creció en un ambiente homosexual y sufrió por ello. Necesitamos literatura honesta desde todas las perspectivas de este controvertido tema. Hasta el momento, existen muy pocos libros como éste, el cual afirma que ese tipo de ambientes es conflictivo para los niños. Es necesario que existan muchas más obras que lo expresen así."

Profesor John Patrick, MD
Colegio Augustine
Ottawa, Canadá

"No es sorprendente que los mejores estudios disponibles muestren los múltiples problemas emocionales y de carácter en niños, adolescentes y adultos jóvenes que han crecido en ambientes sin madre o sin padre.

Dawn Stefanowicz escribe su experiencia personal e ilustra la ausencia de naturalidad de su situación paterna, la hipocresía de aquellas personas de su medio que pretendían no ver dicha ausencia de naturalidad y la soledad de una niña que está prisionera en esta situación.

Después de todo, esta niña era más natural y sentía de manera más normal que las demás personas que fingían que nada estaba mal. En general, ella tuvo una infancia terrible. No crea que eso no deja cicatrices profundas. Y no crea que su historia es única. Con algunas variaciones, es la historia de la mayoría de estos niños. Yo las conozco. Ellos se ven obligados a reprimir sus sentimientos y necesidades más normales.

Sin embargo, ella ha realizado una obra de caridad al advertir, al abrir cuando menos algunos ojos, al conmover cuando menos algunos corazones para proteger a los más indefensos. Por lo común, ese proceso comienza con algunos disidentes aislados que tienen el valor y la independencia interior para hacer oír su voz. Sin duda, Dawn inspirará a otros más."

Gerard JM van der Aardweg, PhD
Psicólogo especializado durante cuarenta años en el tratamiento
    de la homosexualidad
Autor de numerosos artículos y varios libros sobre homosexualidad.
    Holanda

Dedicatoria

*A la defensa de los niños inocentes
que no pueden hablar por sí mismos.*

Índice

Prólogo

El presente libro ofrece al lector una mirada única al interior del "intrigante nuevo mundo" de la paternidad de aquellos individuos involucrados en relaciones homosexuales. Al escribir esta obra, la autora expone con valentía diversos periodos de su vida y los complicados momentos que enfrentó cuando era niña, adolescente y adulta joven. Nosotros podemos enterarnos de cómo se las arregló con su familia y sus padres, quienes influyeron en su vida y la dominaron mientras ellos continuaban con sus estilos de vida elegidos. De igual manera, en *El impacto de la paternidad homosexual* tenemos el privilegio de observar no sólo las experiencias positivas, sino las negativas de su vida familiar. En esta historia de su crecimiento y vida, Dawn comparte con nosotros tanto relatos cronológicos como los desafíos emocionales y las luchas que enfrentó y conquistó para convertirse en la persona que es ahora. La muerte prematura de sus figuras paternas le permitió sentirse más libre para compartir su historia con el mundo, tanto para continuar con su recuperación psicológica como para educar e informar al lector.

En un mundo imperfecto, cualquiera esperaría hallar algunos problemas en la mayoría de los hogares, sin importar si los padres están involucrados en relaciones con el mismo sexo o con el opuesto. Por desgracia, existen personas a quienes, con una mal orientada visión política, les agradaría acallar cualesquiera descripciones de problemas entre individuos con relaciones homosexuales. A pesar de ello, Dawn tuvo el valor de exponer al público lector su historia de vida muy personal y de mejorar nuestra comprensión acerca de los tipos de desafíos que es probable que veamos en algunas de estas nuevas modalidades de familia.

Es así que con gran entusiasmo recomendamos al lector la historia de Dawn Stefanowicz. Ella nos aporta descripciones e imágenes de su vida que van más allá de los hechos y la información con el fin de entregarnos un relato absorbente sobre su experiencia real de vida.

Este prólogo y el epílogo fueron escritos por John Raney, MD, Marc Dillworth, PhD y Sharon Quick, MD

John Raney, MD, es un psiquiatra forense cuyo trabajo involucra una variedad de escenarios, incluso prisiones federales, instituciones de tratamiento para enfermos mentales graves, atención, evaluaciones de discapacidades mentales y tratamientos para abuso de sustancias y desórdenes alimentarios. Además, ha participado en programas de entrenamiento y enseñanza y tiene un interés especial en la estructura familiar y en su repercusión en la crianza de los hijos.

Marc D. Dillworth, PhD, es un psicoterapeuta titulado que se especializa en el tratamiento de la atracción no deseada por el mismo sexo y el trastorno de identidad de género en los niños.

Sharon Quick, MD, es jubilada de anestesiología pediátrica y cuidados intensivos. Sus intereses de investigación incluyen la precisión de referencias y los niños con padres involucrados en la homosexualidad.

Prefacio

El propósito de este libro es ofrecer un relato abierto, honesto y equilibrado de lo que fue crecer con un padre homosexual y una madre débil y servil. Cuando era niña, luché para soportar todas las experiencias sexuales vívidas y explícitas, los conflictos y la confusión que enfrenté dentro de este entorno familiar.

A medida que he investigado, he hallado individuos estadounidenses que han compartido en forma abierta algunos aspectos de sus historias personales al crecer con un padre que sentía atracción por individuos de su mismo sexo y las dificultades que surgieron para ellos en ese ambiente. Lo que hace único mi relato es que yo estoy dispuesta a compartir la historia completa, sin restricciones.

Sin embargo, antes de hacerlo, quiero confirmar mi eterno amor por mi padre biológico. Siempre lo amaré. Él se ha marchado antes que yo a un mejor lugar y lo extraño mucho. En numerosos momentos he deseado que nos reunamos para platicar, para compartir una risa ligera, para hacer algo divertido o sólo para sentarnos juntos en silencio. Esos momentos no fueron muy frecuentes mientras él estuvo en la Tierra, pues siempre estaba absorto en sus negocios y en sus amistades extra familiares. Más que todo, durante mis años de crecimiento, yo sólo deseé que él estuviera con nosotros y que nos brindara una masculinidad fuerte y nutritiva, además de una sensación real de protección.

Como padre, él me modeló y me enseñó una fuerte ética de trabajo y sentido de los negocios e inculcó el tipo de madura responsabilidad y resistencia que hace posible superar la adversidad. Como cualquier padre, él no siempre fue excelente o consistente en todas esas cualidades. Aun así, en momentos difíciles, y en ocasiones por medio de la educación invertida (cuando me mostraba cómo no debía comportarme), él me legó la resolución valiente de vivir de modo honorable y al máximo. Él estableció niveles muy altos para mí en sus expectativas de mis logros profesionales. Por ello, me siento muy agradecida. Cambiante como era, también compartió sus valores culturales y sus filosofías morales conmigo. Él era mi papá y siempre será mi padre. Al escribir este texto, mi objetivo no es herir su nombre o su reputación en manera alguna. En lugar de ello, quisiera honrarlo, pero al mismo tiempo, mostrar una imagen de nuestra vida familiar de una manera abierta y honesta. Deseo compartir mis propios momentos de gozo así como mis luchas, dolor, temor y confusión de una forma que amplíe la comprensión del lector acerca del modo en que los padres y la familia pueden afectar a los hijos.

Si hubiera un modo de hacer volver a mi padre, lo haría. No cambiaría a mi padre por cualquier otro. Él hizo lo mejor que pudo. Ahora lo sé. Él no intentó herirme con sus decisiones de vida ni negarme la oportunidad de ser amada de manera genuina. Sin embargo, su capacidad para dar a sus hijos la atención y el afecto que ellos merecían se vio debilitada por su propia necesidad y su incesante búsqueda de un modelo paternal que lo amara, lo afirmara y lo atendiera. Más que ninguna otra cosa, él deseaba aceptación y un sentido de pertenencia. Él ansiaba y se propuso obtener el tipo de compañía y amor masculino que nunca conoció en su infancia. No obstante, mientras se empeñaba en satisfacer sus propias necesidades emocionales mediante su estilo de vida homosexual, a menudo ignoró las necesidades legítimas de sus propios hijos. Al recordar estos incidentes, he tenido que perdonar a mi padre una y otra vez para evitar hundirme en la amargura. He escrito este libro no con malicia, sino con el deseo de liberarme del desastre causado cuando las fronteras sexuales se desvanecen, de lograr la libertad diciendo la verdad y de beneficiar a otros niños que han soportado un hogar similar. Es muy posible que mi historia ayude a otras personas a resolver sus problemas.

Durante mis años de crecimiento, dije muchísimas mentiras para ocultar mi vida personal a los ojos de los demás, preocupada por la posibilidad de ofender no sólo a mi padre, sino a sus parejas y amigos. Me inquietaba que mis compañeros de escuela y de trabajo me rechazaran si se enteraban de las numerosas parejas sexuales y del estilo de vida de mi padre. Durante muchos años, no hablé con casi nadie acerca de mis preocupaciones y temores más profundos; incluso ahora que comparto mi historia tengo una sensación de culpa, como si traicionara a mis padres y hermanos por exponer los secretos familiares; no obstante, he ponderado las consecuencias de decir la verdad contra el propósito superior de arrojar luz sobre la manera como los padres y la estructura familiar pueden influir en forma negativa en los niños. Al hacerlo, espero motivar el desarrollo de una sociedad en la cual todos los pequeños vivan seguros en familias en donde se garanticen sus mejores intereses y la satisfacción de sus necesidades. Se ha dicho que el mejor modo de medir la grandeza de una sociedad es por medio de la atención que dedica a proteger a aquellos ciudadanos que poseen menos capacidad para cuidar de sí mismos. Desde luego, los menores de edad están dentro de este grupo. Mi esperanza es que quienes manejan las políticas nacionales no permitan que los intereses particulares de ningún grupo prevalezcan sobre el bienestar o los intereses de nuestros niños, quienes representan el futuro de cualquier sociedad o nación.

En cierto momento, mi padre me reveló que provenía de una familia muy disfuncional donde se violaban las fronteras sexuales y ocurrían relaciones incestuosas. Esta disfunción y estos traumas no sólo afectaron su vida profundamente, sino que más tarde, perturbaron la vida de su familia y de sus hijos. A pesar de todo lo anterior, mi padre contaba con fuertes fundamentos espirituales que compartió con sus hijos. De hecho, él participó en obras de la iglesia cuando era más joven y, aunque durante muchos años no pareció poder o querer seguir las directrices y las advertencias bíblicas en su propia vida, sí introdujo esas enseñanzas en sus hijos. Tiempo después, cuando cada miembro de la familia luchaba lo mejor que podía con los trastornos y la confusión en nuestras relaciones y dentro de nuestras propias vidas, fueron la fe y la orientación brindada por las Escrituras lo que me ayudó a soportar y a superar esos momentos oscuros de mi experiencia.

Al escribir acerca de mi vida y de las experiencias de mi familia, me he guiado por mis recuerdos más precisos de la gente, las circunstancias, los sentimientos, las actitudes, las motivaciones, las consecuencias observadas y los marcos temporales asociados. Algunos de los miembros de mi familia hubieran preferido que yo no redactara ni hablara acerca de mis experiencias familiares. En consideración a sus preocupaciones, los nombres de los individuos se modificaron, excepto cuando esa persona fue una figura pública. De igual manera, a pesar de que he intentado comunicar mis experiencias con tanta delicadeza y cuidado como me es posible, me doy cuenta de que el lector puede sentirse incómodo con todos los aspectos de mi historia. Con toda franqueza, algunos de los pasajes son muy inquietantes; sin embargo, si debo ser fiel a la verdad, me temo que es inevitable.

El logro del matrimonio heterosexual sólo en cuanto a forma no es garantía de salud o estabilidad. El que yo espere exponer los horrores de mi infancia al tiempo que elevo al matrimonio como el santuario primario para la procreación de los hijos no es indicativo de ceguera, hipocresía o transmisión de culpas; por el contrario, es una señal de mi convicción de que hay una mejor forma de vivir.

Cierto es que las familias y los hijos son importantes. Mi esperanza es que, al compartir mis vivencias, los lectores en general y aquellos en posición de influencia y autoridad en particular, estén más informados y guiados al tomar decisiones que puedan afectar de modo profundo a nuestras familias y a sus hijos, quienes son la esperanza y el futuro de la siguiente generación.

Reconocimientos

Muchos familiares, amigos y colegas queridos me han motivado en este viaje.

Mi profundo agradecimiento a ustedes.

A mi esposo, por su ferviente amor y dedicación hacia mí y su incansable compromiso hacia la terminación de este libro; a mis hijos por su abundante gozo, energía y amor; a mis familiares que me ofrecieron su confianza, persistencia y esperanza; a mis amigos y compañeros de plegarias: Alice y Danny, Anne Marie y Mike, Barbara, Brenda, Carie y Leonard, Clara y Clair, Dawn, Debbie y Rien, Debbie N., Denise, Diane, Donna y Dan, Gail, Gisela y Jim, Gisele y Jack, Gwen, Helen y John, Jakii, Jan, Jane, Janice D., Jo-Ann, Kay, Kim y Pieter, Leslie y Les, Linda y Mark, Mal, Marlene, Mary y Dwight, Nancy y Gary, Onalee y Mike, Ruth, Susan y Geoffrey; Janice G. por su oportuna ayuda; a mi editor por su objetivo discernimiento, sus largas horas y sus precisas recomendaciones para brindar estructura, mejorar la apariencia y fortalecer el manuscrito; a John Raney, MD, Marc Dillworth, PhD, y Sharon Quick, MD, por su infalible apoyo; a otras personas que, con el paso de los años, han enriquecido mi vida con su ejemplo y fueron pruebas vivientes de perdón, gratitud, salud y generosidad verdaderos.

Introducción

"¿Vendrías conmigo al final del muelle?", pregunta papá. Por lo general, no hay cosa que ansíe más que tener momentos a solas con este hombre con quien es raro que pueda estar; no obstante, esta noche, esa pregunta me llena de una sensación de desasosiego. El viejo muelle de madera se extiende sobre el lago de color tinta azul hasta una profundidad donde el agua que golpea sus desgastados postes queda muy por encima de mi cabeza. Soy muy buena nadadora, pero, a pesar de ello, su solicitud me inquieta. Una cosa sería caminar a la intemperie con un padre que me amara de manera incondicional y en quien pudiera confiar que me protegería; a pesar de ello, he llegado a comprender cada vez más que ése no es el tipo de padre que yo tengo.

Tengo nueve años de edad y nuestra familia se hospeda durante una semana de mediados de agosto en la casa de campo de unos amigos. Cuando menos he estado aquí con mi madre y mis hermanos. Mamá está adentro ahora, ocupada en la limpieza posterior a la cena y mis hermanos han huido al bosque a jugar. Aunque papá ayudó a traernos a todos a este sitio y él está aquí esta última noche de nuestras vacaciones, la mayor parte de la semana se ha mostrado poco dispuesto a convivir con nosotros. No ha sido el trabajo lo que lo ha alejado, sino el placer. La dura verdad que todos nosotros luchamos por comprender es que papá prefiere la compañía de otros hombres a la de su esposa y sus hijos. Algunas de las transitorias y violentas relaciones que él ha tenido con esos otros hombres han concluido en suicidios. A pesar de que no puedo evitar amarlo, he comenzado a percatarme de que es un hombre muy peligroso. Si puede comportarse de manera tan abominable con esos seres a quienes profesa su amor, entonces, ¿qué hará con aquellos a quienes no ama, como nosotros?

"Dawn, ¿vendrías conmigo al final del muelle... —pregunta él de nuevo— para tomar una fotografía?" No había notado antes la cámara fotográfica. Esto calma un poco de mi temor, aunque no del todo. Ambos caminamos a lo largo de la estructura de madera blanqueada por el sol y, a tres cuartas partes del camino, él se detiene y me indica con la mano que yo continúe hasta el final. A esta distancia, las tablas no se sienten tan sólidas como me gustaría, mas deseo complacerlo y entonces avanzo hasta quedar parada en la última y volverme para quedar frente a él. "Muy bien, quédate allí", me grita y encuadra la toma mientras yo me apoyo en una rodilla, con toda cautela, y sostengo las patas delanteras de nuestro perro chihuahua, Skipper, el cual, tan nervioso como yo, se balancea con cuidado sobre sus patas traseras. Una vez tomada la foto-grafía, papá, de inmediato y sin decir una palabra, se vuelve, se aleja y me deja sola y temerosa en ese precario lugar al cual me invitó. Ésa es la historia de mi vida.

El fruto de la decepción

Mis padres, ambos provenientes de familias grandes y campesinas, se casaron en 1960 un cálido día de verano, rodeados por familiares y amigos en la pequeña ciudad de Belleville, Ontario. Mi madre, Judith, de 26 años de edad, portó un sencillo vestido de novia con escote en V y cubierto de encajes. Ella parecía feliz en sus escasas fotografías de bodas, de pie junto a su prolijo hombre más joven, Frank, quien apenas acababa de cumplir veinte años. En fechas recientes, ella había rechazado el cortejo de dos hombres: su médico y un sujeto español que le había prodigado obsequios de joyería con rubíes, porque ninguno de los dos compartía su fe de la Iglesia Pentecostal Unida.

En términos religiosos, mis dos padres habían sido educados en pequeñas iglesias protestantes campestres. Mi padre se transfirió durante su adolescencia de una capilla del Ejército de Salvación a la secta particular de mi madre, de denominación pentecostal. Al crecer, mi madre asistía a la iglesia con regularidad, conforme al código de conducta externa de la iglesia, mientras mi padre buscaba una iglesia que apoyara un legalismo más riguroso y estricto. Creo que hubieran podido ser compatibles en cuanto a la religión si se hubieran tomado el tiempo necesario para explorar y desarrollar su comprensión de la fe; no obstante, en lugar de ello, sólo buscaban reglas que gobernaran sus vidas sin comprender en absoluto el amor y la gracia.

Ninguno de mis padres encontró mucho ejemplo digno de imitación en las relaciones maritales de sus padres. A pesar de que los matrimonios de mis abuelos permanecieron intactos, en realidad eran, cuando mucho, desagradables treguas cargadas de dolor, resentimiento y profunda decepción que ninguno de sus integrantes pensaba jamás que pudieran tener arreglo. Las podridas perversiones desatadas en la familia de mi padre sirvieron como base de enormes problemas en la siguiente generación. Mi padre y todos sus hermanos padecieron heridas sexuales en un grado o en otro.

El negativo legado de mi madre tuvo más relación con una falta de atención y afecto que con un exceso del tipo erróneo. Ella ansiaba seguridad y certeza. En un momento dado de la tierna vida de mi madre, durante la era de la Depresión, ella se escondía debajo de la mesa de la cocina mientras una pareja adinerada llegaba a verla con la posible intención de adoptarla. Una vez que era arrastrada fuera de su escondite y sus prospectos de padres la miraban, la rechazaban de inmediato tras comentar sin ambages lo fea que era.

El noviazgo de mis padres fue breve. Se conocieron en una pequeña iglesia en Toronto en el verano de 1959. En fechas recientes, mi padre se había mudado de la casa de su hermano y su cuñada en el este de Ontario para convertirse en pensionista en la casa de la hermana de Judith, en Toronto. Mi madre estaba fascinada con la reserva sexual que mi padre mostraba hacia ella, lo cual interpretaba como una señal de respeto en lugar de como una libido de distinta orientación. Mi madre no quería ser una marchita flor de aparador y saltó ante la oportunidad de contraer matrimonio. Pronto se preparó, adquirió su propio pequeño apartamento en Toronto y dejó atrás la granja familiar en Belleville.

Mi padre había participado en aventuras sexuales con hombres jóvenes durante su adolescencia, con lo cual recreaba el abuso sexual que había sufrido por parte de parientes suyos de más edad. Las fronteras sexuales con algunos de esos parientes aún eran difusas. Poco antes de conocer a mi mamá, una mujer a quien mi papá creyó amar lo rechazó para aceptar a su hermano mayor. Papá quería la normalidad que creía que el matrimonio podía brindarle, pero ansiaba esa normalidad más como una tapadera que como una realidad de sustento. Aunque tal cosa hubiera sido posible en la década de 1960, él nunca hubiera querido casarse con otro hombre. Por el contrario, él deseaba una servil esposa que cocinara, limpiara y satisficiera cada una de sus necesidades y exigencias, al tiempo que desviara la mirada durante sus frecuentes coqueteos con otros hombres. La miserable verdad del asunto es que papá no tuvo manera de saber cómo amar y apoyar a una mujer y es probable que nunca lo intentara siquiera.

Mis padres llegaron al matrimonio con algunos secretos que pronto harían inservible su apresurada unión. Fue en su precaria luna de miel en el campo, mientras viajaban en un viejo automóvil y se hospedaban en moteles a la vera del camino, cuando mi padre descubrió la jeringa que mi mamá utilizaba para inyectarse insulina en los muslos cada mañana para controlar su diabetes juvenil. A él le horrorizaban las extrañas reacciones a la insulina que se desarrollaban periódicamente cuando mi madre se encontraba bajo estrés y se sintió insultado por el hecho de que ella no le hubiera comunicado su condición médica.

Judith tuvo que esperar un poco más para conocer una revelación completa de los secretos de mi padre, aunque recibió un sorprendente avance en su noche de bodas cuando, debajo de los cobertores de la cama, descubrió que él vestía su ligero negligé y uno de sus sostenes con dos toronjas grandes como relleno de las copas. Al principio, ella deseó que sólo se tratara de alguna broma ridícula, pero pronto comenzó a albergar inquietantes sentimientos de duda en cuanto a este temprano episodio en su matrimonio. ¿Podría haber algo más que mi padre no le había contado?

Las primeras semanas y meses de un matrimonio representan una escarpada y desafiante curva de aprendizaje para cualquier pareja joven, incluso cuando ambos son abiertos y honestos entre sí. La desconfianza y la deshonestidad mutuas, por desgracia, fueron las marcas distintivas del matrimonio de mis padres desde el principio. De hecho, mi concepción fue, en sí misma, el fruto de la decepción.

Un año después de la boda, mi padre, a escondidas, rebuscó entre los productos de aseo personal de mi madre, guardados en el cajón superior de la cómoda, y perforó con una aguja dos agujeros en su diafragma anticonceptivo. Ellos habían hablado acerca de tener hijos, pero mi madre deseaba esperar. Supongo que el motivo por el cual mi padre se sentía tan ansioso de concebir era demostrar a su familia que él era normal. No pasó mucho tiempo para que la concepción ocurriera en la primavera de 1962, aunque mi madre tenía casi cinco meses de embarazo antes de darse cuenta de lo que sucedía. Después de consultar a su médico por lo enferma y mareada que se sentía, éste la mandó a practicarse más estudios con un ginecólogo, quien descubrió su especial paquete sorpresa. Ella todavía no se sentía lista para tener hijos y enfureció cuando descubrió los agujeros en el diafragma, que siempre mantenía oculto. Este embarazo clandestino sólo sirvió para alejar aún más a mis padres.

Cierta noche, cuando mi madre estaba embarazada y descansaba en la cama junto a mi padre, vio demonios dentro de la habitación que saltaban alrededor de la cama y luego escapaban a través de una ventana abierta. Esta experiencia la aterrorizó, aunque no hizo nada al respecto; estaba demasiado abrumada por el temor y el espanto. Papá pensó que ella sólo tenía otra reacción diabética y no prestó atención al asunto. Tiempo después, ella llegó a pensar que esos espíritus estaban vinculados con las numerosas relaciones de papá con otros hombres. Lo que en realidad me inquietó cuando me enteré de este episodio es que, cuando era niña, yo había tenido sueños muy vívidos en los cuales veía demonios que danzaban alrededor de la cama de mis padres.

En el Hospital General North Western, en Toronto, mamá esperaba gemelos. Había necesitado hospitalización y mucho descanso en cama. No se esperaba que mi hermano gemelo y yo viviéramos; estábamos en mala posición para nacer y éramos prematuros, además de que la salud de mi madre estaba severamente comprometida por su diabetes. Durante el trabajo de parto, Judith imploró a Dios que tomara la vida de sus hijos si nosotros no íbamos a vivir para Él. A pesar de que ésta es una solicitud materna honorable, ¿acaso pudo afectar mi libre albedrío y volverlo dependiente de su plegaria? Lo cierto es que nadie puede ser un robot programado mientras tenga una verdadera relación con Dios. Nadie podría hacerme eso, ni siquiera mi madre.

Yo nací en diciembre de 1962, exactamente después de la medianoche. Mi hermano gemelo, Thomas, nació cinco minutos después y sospecho que desde entonces, ha resentido este suceso. Una vez que llegamos al mundo, fuimos separados no sólo del tibio y oscuro vientre, sino uno del otro por primera vez. Creo que una tristeza y una ira reales entraron en nosotros en ese momento; nosotros deseábamos permanecer en contacto de alguna manera y que volvieran a juntarnos. Las incubadoras nos encerraron y nos separaron en un mundo estéril de luces, médicos y enfermeras. Éramos atendidos para alimentación y cambios de pañales con regularidad, carentes de toda la cercanía que ahora se recomienda para los bebés. Muy pronto, papá estableció su exasperante hábito de evitar casi todos los hitos del desarrollo en la vida de sus hijos, aunque estuvo presente para firmar los certificados de nacimiento y yo fui registrada apropiadamente como Cynthia Dawn.

Aunque mis padres rentaron un pequeño apartamento en la parte trasera de una casa en Toronto durante los primeros meses de nuestra vida, pronto nos mudamos a una dúplex de tres niveles, verde y blanca. Mis padres rentaron las habitaciones y el baño del piso superior de esa casa a pensionistas. La cocina y las áreas de la sala y el comedor se encontraban en el piso principal. Mis padres, mi hermano y yo dormíamos en el sótano, el cual tenía un cuarto de lavado separado en la parte trasera, detrás de una puerta francesa texturizada en blanco donde había una pequeña ventana que proveía la única luz natural para todo el nivel inferior. Vivíamos junto a un parque grande y abierto que tenía árboles maduros de arce, los cuales ofrecían su sombra durante los calientes meses de verano. En ocasiones, nos sacaban a pasear en un carrito de metal rojo que saltaba y rodaba sobre cada bache de la acera mientras nos empujaban. Los hermosos árboles volaban sobre nosotros como verdes barcos de vela en un océano invertido de cielo azul y blanco.

Durante nuestros primeros tres meses de vida, una enfermera se hizo cargo de nosotros por las noches, mientras mamá dormía para reabastecer su agotada energía y poder atendernos durante el día. Mi madre era una mujer pequeña, delgada y muy enferma. Tenía una piel irlandesa pálida y blanca y un formidable cabello oscuro y ondulado que caía como cascada hasta muy por debajo de sus hombros. Cuando el resplandeciente sol brillaba en sus largos cabellos, éstos adquirían un tinte castaño que resaltaba el color negro. Anteojos con forma almendrada de negra montura enmarcaban sus grandes ojos color azul profundo y oscuro, lo que los hacía lucir más pequeños de lo que en realidad eran.

Mi madre siempre estaba preocupada y abrumada mientras luchaba a solas contra los impredecibles efectos de la diabetes Tipo 1. Su enfermedad podía provocarle cambios anímicos y descensos de energía en cualquier momento. A veces, la insulina le causaba sensaciones de calor extremo o se volvía incomprensible, se confundía o incluso perdía la conciencia. Ella era muy débil y cualquier motivo de estrés hacía que su nivel de azúcar aumentara o disminuyera demasiado. Con frecuencia, para lidiar con todo lo anterior, nos acostaba a dormir siestas vespertinas que podían durar muchas horas. El beneficio de todo esto era que ella mantenía una estricta rutina de alimentación, cambio de pañales, siestas y hora de dormir, que era cuando Thomas y yo éramos colocados en nuestra cuna de altos barrotes y cubiertos con nuestra cobija de bebé. La desventaja fue que mi madre casi nunca acudió en las noches cuando alguno de nosotros o los dos llorábamos, pues consideraba que eso convertiría a un niño en malcriado. Nadie me consoló y esta falta de atención estableció los cimientos de mi niñez posterior, cuando llegué a sentir que yo era una carga.

Papá no estaba muy disponible para ayudar en nuestro cuidado porque estaba fuera de casa, en el trabajo o con amigos, y así dejó a mi madre particularmente sobrecargada con sus hijos gemelos. Durante las tormentas, esa miserable soledad y el terror se introducían en mi alma mientras yo ansiaba sentirme cómoda y segura. Entonces, experimenté la desolación de no haber sido deseada y de no valer el esfuerzo de cuidarme.

Esas horas a solas fueron agonizantes a nivel mental y emocional. Cuando crecimos, Thomas y yo trepábamos en la cuna del otro para abrazarnos y consolarnos entre nosotros. Pero entonces llegaba mamá y nos devolvía otra vez a nuestras cunas separadas. El único momento cuando nos cargaban era para darnos de comer; pese a ello, tan pronto como pudimos sujetar los biberones por nosotros mismos, nos abandonaron para que tragáramos nuestra fórmula sin el beneficio del contacto humano. Thomas y yo nos sentábamos en sillas altas de cromo con cojines de plástico, muy lejos de la mesa de la cocina, hasta que aprendimos a comer con propiedad con los cubiertos. Esto era degradante y acrecentó mis sentimientos de no pertenencia y de no merecer siquiera la más simple compañía humana.

Para apartarme un poco más del mundo, desarrollé tartamudeo al empezar a hablar. Mi madre me advertía una y otra vez que me quedara callada y que no hablara, mientras mi padre era más inclinado a corregir cada uno de mis errores. Se esperaba que Thomas y yo hiciéramos lo que se nos ordenaba y no teníamos permitido expresar nuestros sentimientos o pensamientos con apertura. ¡No es sorprendente que yo desarrollara tartamudeo en un hogar tan represivo! Sufrí con ello hasta los tres años de edad, cuando inicié una terapia del habla de seis años de duración para superar ese vergonzoso hábito.

De acuerdo con mamá, yo lloraba más a menudo debido a los cólicos. Siempre estaba sedienta porque la fórmula fue el único líquido que bebimos durante nuestro primer año y medio de vida. Una mujer en la iglesia notó que nuestros cráneos estaban cubiertos por pequeñas escamas blancas y se percató de que Thomas y yo no ingeríamos suficientes fluidos. Ella dijo a mamá que estábamos deshidratados y que debía darnos agua y jugo para beber, además de la fórmula.

Cuando yo tenía casi tres años de edad, papá descubrió que mamá me había dado un biberón con leche tibia mientras él estaba fuera. Yo ya había aprendido a ir al baño sola, ya no usaba pañales y me sentía muy grande por estos logros. Que me calentaran la leche podría verse como un paso atrás en mi progreso, el mismo tipo de lapso que los adultos experimentan cuando prefieren la "comida cómoda". Cuando papá le preguntó por qué me había dado la leche tibia en biberón, mamá respondió: "Cynthia me rogaba que le diera el biberón y no me dejó en paz hasta que se lo di".

Mis entrañas se encogieron mientras sentía que había hecho algo malo y que ahora lo habían descubierto. Mi padre se acercó a mí y me colocó sobre la mesa de la cocina. "Yo te mostraré lo que tendrás que usar si no dejas de actuar como bebé", me advirtió. De inmediato, ajustó un pañal de tela alrededor de mi cuerpo y lo sujetó con seguros, mientras yo temblaba y lloraba.

Poco después, esa noche, mientras papá estaba fuera en su trabajo, mi mamá se acerco a mí y metió en mi boca un chupón remojado en miel, mientras yo sollozaba y lloraba en mi cuna. Me advirtió no mencionarle ese consuelo a mi papá porque lo enfadaría. Es posible que ella quisiera liberarse de la culpa que sintió por no cuidarme lo suficiente y que, con rebeldía aunque a hurtadillas, me diera otra forma de solaz: mira, toma esta migaja pero no se lo digas a tu padre. Se suponía que eso debía calmarme, mas yo percibí su mano apresurada y temblorosa al tiempo que se quejaba de mi comportamiento. Decidí no pedirle que me consolara de nuevo durante mucho tiempo.

Yo tenía un muñeco de peluche, un gato color rosa con el cual dormía todas las noches. Su piel se había desgastado y es probable que estuviera en riesgo de rasgarse y perder algo de su relleno. Una noche, mamá llegó y se lo llevó. A pesar de que grité para que me lo devolviera, ella no se conmovió. Para compensar esta pérdida, recuerdo que sacaba plumas de mi almohada y las utilizaba para acariciarme la cara y las manos, lo cual me brindaba cierto consuelo que me ayudaba a conciliar el sueño.

Mamá no tenía acceso a un vehículo y, sin duda, ella se sentía frustrada y atrapada en el deber de cuidarnos, pues papá casi nunca estaba en casa por las tardes. Por lo regular, cuando él estaba presente, ella recibía hirientes comentarios de su parte en lugar de palabras motivadoras que la reafirmaran como mujer, esposa y madre. Casi siempre, ella luchaba contra el agotamiento al final del día y comenzaba a anteponer sus necesidades y deseos a los nuestros.

Una tarde, me caí de las escaleras del sótano. Me lastimé las piernas y me quedé sin aire, lo cual es una sensación terrible. En una especie de pánico sin aliento, lloré entre jadeos entrecortados y miré con incredulidad cómo mis padres permanecían sentados en los bordes de su cama, a la espera de que yo me levantara del suelo y fuera hacia ellos. Lo peor ya había pasado cuando por fin me las arreglé para llegar a su lado, con la esperanza de que cuando menos me abrazaran; no obstante, todo lo que pudieron ofrecerme ese día fue el más breve de los abrazos. Esa dádiva mínima otorgada de tan mala manera no sirvió en absoluto para aliviar mi herido corazón.

Debo decir que uno de los pocos consuelos o satisfacciones que recuerdo con claridad de mi infancia eran la sensación y el sonido de los broches de nuestros pantalones rojo y azul al ser presionados uno a la vez. Esto me consolaba porque significaba que yo estaba limpia y vestida de manera adecuada, que podía ir a alguna parte allá arriba y que no necesitaría a mis padres durante un rato.

Hombres y mujeres pensionistas vivieron arriba en nuestra casa durante la mayor parte de los cinco años que radicamos allí. Ellos comían a horas distintas de las nuestras, lo cual implicaba que no se nos permitía subir a la cocina cuando lo deseáramos, ni siquiera para jugar. Casi nunca vi a esos cohabitantes porque con frecuencia estaban fuera. Al único pensionista a quien llegué a conocer fue a Dennis, un viejo amigo de la escuela de papá que vivió con nosotros durante alrededor de cinco años.

Mi madre lavaba cargas de ropa sucia en una vieja y ruidosa lavadora blanca de rodillos. Invertía gran parte de su tiempo en cuidar la casa, hacer limpieza y preparar las comidas. Ella no jugaba con nosotros y las tareas domésticas más sencillas la abrumaban. Escuchar versos infantiles o canciones de cuna, jugar o que nos mecieran eran acontecimientos desconocidos para nosotros. Tampoco nos leía cuentos.

Los materiales de lectura, los libros para colorear, los juguetes y los paseos fueron escasos durante mi infancia. Cualquier tipo de cuidado físico o emocional era un raro deleite en esos primeros años. Siempre que veía masa para modelar o crayones en la casa de otros niños, yo gravitaba hacia éstos por su textura, aroma y color y me permitía sumergirme en la experiencia total de golpear, moldear, dar forma y colorear cualquier cosa en la cual pudiera meter las manos.

Debido a su frecuente ausencia, siempre asocié un extraño y misterioso anhelo con mi padre. Papá parecía traer más aventura y curiosidad a mi vida que mi madre. Cuando llegaba a casa, en ocasiones traía barras de chocolate extra grandes y nos daba algunos trozos antes de dormir. Algunos fines de semana, luego de la cena, él disfrutaba cuando sacaba una bolsa de botanas de queso para que nosotros comiéramos. Él nos hacía sentarnos en silencio ante la mesa de la cocina mientras repartía las porciones entre Thomas y yo.

A veces, por la mañana, yo me complacía con esas ocasiones especiales cuando papá estaba en casa. Vivíamos con mucha escasez, a pesar de que él trabajaba mucho, pero algunas mañanas había tocino frito y huevos, pan tostado con cremosa mantequilla verdadera y jugo de naranja para beber. El programa matutino de radio de la CFRB (1010 AM) brindaba un fondo auditivo de voces y canciones; las voces de los locutores de noticias y de los cantantes parecían provenir de ninguna parte, casi como aves que volaran de rama en rama en la atmósfera circundante. Mi padre fue la figura que trajo diversión y nutrición, que de otra manera sería prohibida, a mi vida. Por supuesto, yo deseaba su presencia cercana más que ninguna otra cosa; mas, esa materia prima era tan escasa que me conformé con la comida que él traía.

Mamá también estaba hambrienta del afecto y la atención de papá. Pese a que a veces escuchaba hablar a mis padres en la cocina, no recuerdo haber visto que se abrazaran, se besaran o expresaran cualquier otro gesto de afecto. Tampoco podía entender otras cosas. ¿Por qué papá no llegaba a casa todas las noches? Supe la respuesta unos cuantos años después.

Resultaba difícil para un chico de granja obtener un apoyo en la gran ciudad y, en ese tiempo, papá tenía cuatro empleos. Su ingreso principal provenía de una empresa de pinturas, donde trabajó en el piso de fabricación antes de ascender al trabajo de oficina. Los fines de semana, él podaba sus jardines tras haber aprendido que, a menudo, el hecho de aceptar trabajos adicionales le abría más oportunidades de avanzar dentro de una compañía. Varios años después, papá contó la historia de cómo un hombre cayó dentro de un cilindro de pintura y murió, y se estremecía al pensar que pudo ser él. Asimismo, fue mesero en un restaurante y trabajó como conserje y como líder de los jóvenes en el pequeño templo de la Iglesia Pentecostal Unida al cual asistíamos. También, se inscribió en un curso de contabilidad de costos, una clase vespertina para la cual se saturaba de estudios durante las primeras horas de la mañana, antes de marcharse al trabajo. Con su energía y su atención tan repartida entre sus múltiples trabajos y su vida nocturna extra curricular, papá nunca pasó del primer nivel. Recuerdo los libros de negocios, oscuros y de apariencia costosa, acomodados con toda pulcritud en el librero como trofeos intelectuales.

Papá tocaba un saxofón alto durante sus momentos libres en casa, por lo común los fines de semana. Me encantaba escucharlo tocar, incluso si la interpretación duraba sólo unos cuantos minutos. Yo no tenía permitido tocar su saxofón o siquiera estar en la misma habitación con él mientras tocaba. Él pensaba que yo podía romper las cubiertas con bisagras de bronce que subían y bajaban sobre los agujeros mientras él tocaba las notas. Algunas de las canciones de gospel tienen una melancolía y nostalgia tipo jazz que siempre disfruté. Incluso desde niña, esa tristeza, sin alivio ni antídoto, me parecía una expresión legítima de mis propias emociones que ansiaba que alguien escuchara y respondiera. El saxofón siempre ha representado cierto tipo de belleza masculina para mí, del tipo que no sólo se escucha, sino que se siente al tiempo que resuena alrededor y a través de uno. Siempre me ha recordado la voz de mi padre.

La desobediencia recibía estricta represión. Mamá nos daba nalgadas cada semana cuando no hacíamos las cosas exactamente como se nos habían ordenado. Su frustración y falta de apoyo por parte de papá la hacían sentir hundida. Ella tenía dos varas delgadas y dos correas estrechas; en ocasiones, utilizaba el cable eléctrico de la freidora en la cocina. Papá nos presentó a Thomas y a mí las varas delgadas y las correas cuando teníamos seis o siete años de edad. Estos artefactos estaban allí para amenazarnos y guiarnos hacia la buena conducta mediante el temor. Sus entusiastas descripciones de diferentes tipos de látigos, correas de cuero y varillas disponibles me inquietaban. Después describió que algunos látigos tenían puntas de metal en los extremos que podían desgarrar la piel. Dado que era mi madre quien empleaba esos objetos con regularidad en nuestros traseros desnudos, yo no podía imaginar por qué los había llevado él a nuestra casa.

A pesar de que ella se encargaba de la disciplina física en nuestro hogar, mamá no disfrutaba cuando nos golpeaba; sin embargo, eso era todo lo que ella aprendió en su infancia. No recuerdo que papá nos hubiera pegado; de hecho, él había prometido no hacerlo debido a su propia experiencia al crecer con un padre abusivo y alcohólico. Yo deduje que la disciplina física que él recibió debió ser horrenda. En cierto nivel, mamá estaba mucho más a cargo de nosotros mientras crecíamos pues papá casi no estaba en casa. No obstante, en otro nivel, yo me percaté de que era él quien establecía el orden. Como nosotros, mamá estaba a su disposición por temor y obedecía sus órdenes para todo, desde la alimentación hasta la disciplina.

Alejados de ambos padres, Thomas y yo nos escondíamos debajo del porche de la despensa, en la parte trasera de la casa, cada vez que queríamos fingir que nos encontrábamos en cualquier otro sitio. Además, nos gustaba cuando mamá llenaba la piscina de plástico con el agua tibia que salía de la manguera verde que serpenteaba a través del jardín trasero. Nosotros tomábamos nuestros escasos juguetes y muñecos y los colocábamos en el agua para verlos flotar y hundirse mientras chapoteábamos bajo la caliente luz del sol. Durante los meses de invierno, Thomas y yo teníamos abrigos para nieve con capuchas de peluche recortado que vestíamos en los días más gélidos. En ocasiones, podíamos cruzar la calle para ir al parque Monarch, donde la nieve lucía deliciosamente placentera y limpia, como una sábana blanca. Recuerdo que cada paso producía un sonido crujiente bajo los pies y que mis piernas se cansaban pronto debido a los pasos de gigante que debía dar para sacar cada pie de la profunda nieve. Nos gustaba deslizarnos en trineo desde las partes elevadas. Algunos años más tarde, nos internamos en el parque hasta donde estaba el paso inferior de un puente, a pesar de que nos advirtieron que nunca fuéramos solos allí porque en ese sitio se juntaban hombres peligrosos. Una sensación de peligro inminente siempre me alertó cuando me acercaba a ese lugar.

Thomas y yo aprendimos a patinar con un vecino amigo que fue lo bastante paciente para vernos caer y levantarnos de nuevo mientras hacíamos nuestros intentos en una pequeña pista en el parque, al otro lado de la calle. Yo no podía comprender la novedad de que alguien me dijera que lo había hecho muy bien cuando todo lo que recuerdo es que me caí muchas veces.

Cuando Thomas y yo cumplimos tres años de edad, mi abuela paterna ayudó a hornear dos pasteles especiales de cumpleaños, uno rosa y otro azul. Ya estaba oscuro afuera y se apagaron las luces en la cocina. Nos dijeron que nos sentáramos para que nos tomaran fotografías alumbrados por el tembloroso resplandor de los pasteles con las velas encendidas. Cada uno recibimos un suéter tejido a mano por la abuela, los cuales vestimos con orgullo. Era raro que los cumpleaños se celebraran con demasiado entusiasmo a lo largo de los años, por lo que mi tercer cumpleaños es el que recuerdo mejor. Papá no estaba presente. Fue como si mamá y la abuela hubieran esperado que él llegara a casa y que después se hubieran percatado de que ya era tarde y de que Thomas y yo ya necesitábamos irnos pronto a la cama, de modo que decidieron continuar sin él. La cámara fotográfica disparó y capturó nuestra celebración casi desierta.

Thomas y yo fuimos parte de varios estudios de gemelos en la década de 1960 en la Universidad de Toronto. De todas esas sesiones recuerdo muy poco, excepto los espejos que se alineaban a lo largo de una pared vacía en una habitación con iluminación fría. Había diferentes salas de observación. La sesión que recuerdo mejor fue la última. Ese día, mientras Thomas esperaba, yo pude elegir una muñeca de un gabinete esquinero de madera con estantes iluminados de vidrio. Las muñecas de plástico eran tibias al tacto y olían a pegamento. Sus vestimentas eran sencillas y tenían hilos sueltos sin cortar. Yo no podía decidirme entre dos muñecas que me gustaban mucho y primero elegía una y luego la otra, aunque en realidad quería llevarme las dos. Cuando llegué a casa, de inmediato corrí al sótano y me senté sobre el colchón blanco de mi cuna, junto a mi cobija de bebé. A solas allá abajo, mientras Thomas ayudaba a mamá a preparar la comida en el piso superior, rasgué la ropa de la muñeca, rompí sus pequeñas piernas y las arrojé a través de la habitación hasta la parte inferior de las escaleras del sótano, un área que yo asociaba con peligro y miedo. Ésta fue una conducta impulsiva que me inquietó incluso mientras la llevaba a cabo. ¿Por qué estaba tan enojada? ¿Había roto las piernas de la muñeca para que tampoco pudiera escapar? ¿Para que estuviera tan atrapada como yo lo estaba?

Profundo anhelo

Una mañana, muy temprano, cuando yo tenía tres años de edad, me desperté antes de lo acostumbrado en un estado de excitación emocional. Por algún motivo, yo quería que me hicieran sentir particularmente favorecida. Quería que mi papá me cargara y me abrazara durante un largo rato. En pijama, me paré expectante sobre la colcha-cobertor de la cama doble de mis padres y observé mientras él colocaba las mancuernillas plateadas en los orificios de sus mangas planchadas y se ajustaba la corbata frente al espejo del tocador. Me maravillaba ver cómo la corbata podía ser una larga pieza de tela oscura y estrecha en un momento y luego se convertía en esa prolija prenda de doble raya con un estupendo nudo que se ajustaba al cuello de la camisa.

De pronto, papá se volvió y dijo con voz apresurada: "Tengo que ir al trabajo". Él no satisfizo mi gran necesidad y expectación de ser abrazada ese día. Deseaba con muchas ansias que me abrazaran y me besaran. Él comentó que no tenía tiempo, sin darse cuenta del gran dolor que causó en mi interior. Éste no había sido mi primer rechazo, pero ese día cambié. Nunca volví a acercarme a él de la misma forma. Tras percibir por instinto que él nunca estaría disponible para mí de la manera en que yo lo necesitaba, me alejé de él y comencé a buscar un sustituto de padre que me brindara atención y ternura.

De modo inconsciente, busqué una imagen masculina familiar que reparara todas las heridas de mi psique. Con frecuencia, esa imagen la hallé en el rostro de un hombre con autoridad. En ese momento, no me di cuenta de cuán profundos eran mis anhelos por mi padre. Sin un apego seguro con papá, yo no pude conectarme en forma similar con algún otro hombre en mi vida o siquiera relacionarme con Dios, el Padre. Mi distancia emocional sólo desaparecería cuando expuse mi espíritu y alma al amor y al tacto genuino de Dios, muchos años después.

Recuerdo que cierto domingo asistí a la iglesia y deseaba con desesperación que me abrazaran. Contemplé a los parroquianos entrar al pequeño santuario con filas de bancas a ambos lados, separadas por un pasillo principal que conducía hasta la plataforma elevada donde el pastor hablaba ante un podio. En un buen domingo, la afluencia podía ser de alrededor de cien personas. Se me permitía sentarme en silencio con mamá durante la porción de plegarias musicales y luego me conducían de prisa a la oscura área de guardería, en la parte trasera. Después del servicio, podía permanecer de nuevo de pie junto a mi madre. Papá estaba lejos, en el piso inferior, donde impartía clases en la escuela dominical.

Mientras aguardaba en el pasillo junto al pastor aquel día, esperé a que él notara mi presencia. Él tenía una hija de mi edad a quien yo conocía de la escuela dominical, de manera que no hubiera resultado raro que él cargara niños y los abrazara. El pastor vestía un traje oscuro y camisa blanca, y su altura era similar a la de papá. Su cabello rubio oscuro estaba peinado con toda pulcritud hacia atrás de su alta y suave frente; su piel tenía un color dorado claro y saludable y sus ojos eran azules. Su rostro lucía distinto de cerca que a la distancia. Yo prefería verlo de lejos.

Tras aproximarme a él, con valentía le pregunté si podía abrazarme. Él me atrapó en el instante en que salté a sus brazos. Logré recibir un fuerte apretón mientras rodeaba con fuerza la mitad de su cuerpo con mis pequeñas piernas y frotaba mi ingle contra su cintura. Me sentía vulnerable y avergonzada por necesitar esto y, por alguna razón, recibir un abrazo de él no fue tan satisfactorio como confié al principio que sería. Mi humillada madre se acercó y susurró que no tenía permitido hacer aquello nunca más. Me sentí avergonzada por mis sentimientos destrozados. Sólo anhelaba a mi papá, pero él no estaba allí.

Cerca de Navidad, ese mismo año, tuve que someterme a una cirugía debido a un conducto nasolagrimal obstruido, un padecimiento simbólicamente significativo que no me permitía llorar en forma adecuada. No recuerdo cuántos días permanecí en el hospital, pero sí que me dejaron sola bastante tiempo y que yo me preguntaba dónde estaban mis padres. Mi madre también estaba en el hospital debido a un embarazo complicado, aunque nadie se había molestado en decírmelo, y es probable que mi padre se sintiera aliviado por no tener que cuidarme. Las enfermeras me pusieron una bata con largas varas de madera en las mangas para que no pudiera doblar los codos para rascarme el ojo parchado. Siempre sentía comezón en el ojo. Para olvidarme de todo, jugué con todos los juguetes que había en una pequeña sala de juegos, decorada con guirnaldas y coronas. Me deleité a solas en esa encantadora atmósfera navideña, mucho más rica que cualquier cosa que jamás tuvimos en casa.

Tras lo que me pareció una semana o algo así, regresé a casa con un parche sobre el ojo. No recuerdo alguna celebración de bienvenida, sino sólo la decepción de volver a nuestra casa gris y desolada. Fue unos cuantos días después de Navidad cuando volví y había una pequeña muñeca con zapatos blancos, un perrito marrón y blanco de juguete para jalar y un View Master rojo para mí debajo del obligatorio árbol de escasa decoración. Ninguno de esos obsequios estaba siquiera envuelto. Me sentí muy decepcionada por haberme perdido la Navidad con papá y Thomas, pero tal parecía que no hubo otra opción. A pesar de celebrarse de modo extravagante en otras familias, la Navidad no era un momento especial centrado en la familia para nosotros, aunque éramos ostensiblemente cristianos. Lo anterior sólo se sumó a la privación sensorial que yo ya padecía en muchas áreas de mi vida. Y, a pesar de que nosotros no éramos cercanos de las formas como deben serlo las familias, yo ya principiaba a detectar que estábamos conectados de manera demasiado íntima, como nunca deben estarlo las familias.

Mis padres habían tomado películas de Thomas y de mí desnudos al salir de bañarnos, mientras nos encimábamos uno sobre el otro. Pese a que yo no recordaba en aquel momento que nos tomaran fotografías, dos rollos de película resurgirían más tarde en mi vida y me causarían gran vergüenza. En esas películas, mi madre nos colocaba a Thomas y a mí sobre sus pies para que jugáramos a montarlos. En otros momentos, mamá y papá nos llevaban a Thomas y a mí a su cama con ellos. Fue difícil recordar esas cosas, saber si las soñamos o si en verdad sucedieron, mas, en ocasiones, Thomas y yo compartimos nuestros secretos acerca de mamá y papá.

Durante uno de nuestros últimos baños juntos, Thomas me preguntó respecto de los sueños que había tenido acerca de mamá y papá. "Dawn, ¿recuerdas haber chupado los *dooties* de mamá y papá?" *Dooties* era nuestra palabra clave de gemelos para "pezones". En voz baja, le confesé que así era y que también había tenido esas horribles pesadillas de ser colocada encima del cuerpo desnudo de mamá y papá. En los sueños, Thomas recordó que papá colocaba su gran "mono" sobre su trasero. Él preguntó: "¿Has tenido tú ese tipo de sueños?". Yo me incliné en silencio hacia él y susurré: "No, papá no me hizo eso en los sueños". Sentíamos temor de hablar de todo eso con los adultos.

Por las noches, empecé a padecer diferentes pesadillas paralizantes que duraron siete años. Eran sueños enigmáticos y extraños que contenían pasajes temibles e implicaciones sexuales. En esas pesadillas, recuerdo mi total incapacidad para controlar mis derredores. Había esa sensación de volar por los aires, como si unas manos me elevaran por los costados mientras estaba suspendida sobre mis padres. A medida que continuaban los temibles sueños, yo era colocada en diversas partes de las piernas y los torsos de mis padres desnudos. Algunos sentimientos sexuales frustrados despertaron en esos episodios, pero no tengo palabras para explicarlos. Temerosa de las pesadillas y sin comprender por qué generaba yo esos pensamientos acerca de mamá y papá, quienes no podían hacer mal alguno, tuve la culpable sensación de que yo era una niña mala.

El terror de esas pesadillas se repitió una y otra vez. Era como si alguna máquina cruel en mi cabeza regresara la película y la reprodujera cada noche. Yo sentía mucha vergüenza de hablar al respecto con cualquier persona y creía ser la única responsable de esas febriles imaginerías nocturnas. No podía discernir aún que esas pesadillas de inocencia y confianza destruidas habían surgido de lo que en realidad había visto y experimentado.

Mientras estuvo embarazada de nuestro hermano menor, mamá se marchó al hospital durante ocho meses; iba y venía para que monitorearan su toxemia. Nunca me explicaron lo anterior ni recuerdo haberla visitado. Papá odiaba los hospitales, por lo que asumo que no quiso llevarnos a verla. Mujeres de la iglesia y la abuela venían para ayudar. Dennis, el pensionista, se hacía cargo de Thomas y de mí cuando estaba en casa. Ya existía esa inusual cercanía entre Dennis y papá. Dennis conversaba con frecuencia con él y yo no podía evitar notar que parecían ser mucho más cercanos que mis padres, además de que papá lo respetaba más y lo trataba mejor. Papá discutía con frecuencia con mamá, frente a nosotros y frente a sus amigos, y le lanzaba sarcásticos comentarios como: "Judith ni siquiera sabe cocinar y mira qué gordo es su trasero". Decía eso incluso cuando mamá sólo pesaba alrededor de 56 kilos.

Dennis nos enseñó a Thomas y a mí los números y el alfabeto, sentados en el suelo de la habitación frontal de su apartamento, en el piso de arriba. Él nos enseñó a escribir nuestros nombres y algunas palabras sencillas. A pesar de que a menudo olvidábamos algunas de sus lecciones, él siempre era amable y amistoso con nosotros. Yo lo consideraba un miembro de la familia, más como un hermano mayor que como un pensionista. Él tenía un televisor junto a la ventana y, en ocasiones, nos permitían verlo. Un programa que disfrutábamos en particular era *Los Picapiedra.* Nos identificábamos mucho con Pebbles y Bam-Bam.

Del mismo modo en que yo buscaba figuras paternas por sustitución, otras mujeres surgieron en mi vida y me brindaron amor y aceptación incondicionales. Por lo regular, éstas eran madres que sólo se colocaron a mi lado, con su mano en mi hombro, lo cual me permitía saber que yo le importaba a alguien. En especial, una anciana, quien nunca se había casado y vivía con su hermana en una bella y antigua casa dúplex, fue generosa conmigo cuando yo era una niña muy pequeña. Ya era una mujer madura, de sesenta y tantos años, con cabello blanco y rizado, sujeto por una red para despejar su rostro liso. Era muy reconocida como mujer piadosa en nuestra iglesia; casi siempre cuidaba niños, cocinaba y hacía tareas de limpieza para ayudar a las familias jóvenes. Su nombre era Grace, pero yo la llamaba tía Grace.

Un domingo por la mañana, luego de asistir la iglesia, ella preguntó a mis padres si podía quedarme en su casa algún sábado por la noche, de vez en cuando, para ayudar a aliviar la carga de mamá, quien padecía a causa de su complicado embarazo. Mis padres no tuvieron problema para permitir que tía Grace me cuidara, dado que ella era confiable y gentil. Thomas sintió un poco de celos porque yo pude ir con ella primero que él; sin embargo, ya llegaría su turno tiempo después. Ambos volvimos a casa de tía Grace en muchas ocasiones.

La primera noche que me quedé a dormir, cenamos juntas y, a continuación, charlamos durante un rato en su sala de estar. Cuando se aproximó la hora de ir a dormir, ella me mostró dónde estaba el baño para que pudiera cambiarme de ropa, lavarme los dientes y prepararme para acostarme. Fue novedoso para mí no ver la desnudez habitual a la cual estaba acostumbrada en casa con mis padres. Cuando salí del baño, ella me indicó dónde colocar mis escasas pertenencias. Me pregunté cuándo me pondría los rígidos rizadores de plástico en el cabello, pero me dijo que no me preocupara pues planeaba utilizar un hierro rizador por la mañana. Ella también se había puesto ya un camisón de franela, una bata de casa y unas pantuflas. Cuando estuve lista, ella jaló un sofá-cama con ruedas que estaba junto a su cama. Colocó relucientes sábanas de cajón en cada uno de los colchones y alisó con gentileza las arrugas. En seguida, la ayudé a colocar las otras sábanas y las cobijas.

Mientras ella preparaba la habitación para la noche, yo subí a mi cama y jalé las cobijas hasta mi rostro. "Ahora apagaré las luces —anunció ella—. Buenas noches". Posteriormente, ella se metió a su cama y eso fue todo. Yo me sentí increíblemente aliviada. "Buenas noches", fue lo único. Las luces se apagaron. No sucedió nada más. Ella guardó silencio y yo pude conciliar el sueño en paz. Durante un rato, me quedé recostada allí, en la oscuridad, sólo para regocijarme en esa sensación de seguridad absoluta que brindaba tía Grace.

Sus desayunos eran soberbios. Ella me hacía ir a la pequeña cocina a sentarme frente a la mesa para dos mientras me preguntaba qué quería comer: cereal frío en el verano, avena caliente en el invierno, un panecillo de salvado con mantequilla o huevos cocidos o revueltos con pan tostado. Mientras esperaba, por lo general me asomaba a la pequeña ventana de la cocina para mirar las diversas aves que llegaban al alimentador que estaba fuera de la casa para pájaros. Las aves se acercaban al alféizar, entre cantos y gorjeos, para buscar gusanos y lombrices y para encontrar semillas dentro del alimentador. Con frecuencia, contemplaba tan absorta esa escena que olvidaba el asunto del desayuno hasta que ella me lo servía. Su voluntad para servir a un niño me hacía sentir que, de alguna manera, yo pertenecía a este planeta. Su amor parecía del tipo que Cristo mismo debió mostrar.

Tía Grace hablaba sobre cómo eran las cosas y no como parecían ser. Ella sabía que papá no estaba mucho tiempo en casa y por qué. Por aquella época, había ocurrido un incidente cuestionable que involucró a papá y a un pastor en un campamento. Ellos compartieron la misma cama y papá había despertado, se había girado, había colocado el brazo alrededor del pastor y había tocado sus genitales. Papá comentó que, en su estado inconsciente, había pensado que el pastor era mamá. Esta situación causó gran alboroto entre los miembros de la iglesia y muchos de ellos se enteraron de lo ocurrido. El pastor terminó por abandonar la iglesia y papá no volvió a asistir tan seguido después de eso.

Tía Grace también estaba enterada de las otras actividades sexuales de papá que involucraban a su amigo Dennis, quien había vivido con nosotros casi desde que podía recordar. Yo no era capaz de comprender todo lo que ella decía o cómo sabía tanto, pero, por instinto, confié en ella cuando me expresó: "Cynthia, sé acerca de las personas que viven en tu casa y que tu padre no siempre está allí. Esto es difícil para ti. Tu padre no vive como debería. Quiero que sepas que Dios te ama y que yo rezo para que tú seas fuerte".

En ocasiones, me incomodaba que ella supiera tanto acerca de mi familia; no obstante, sus palabras hallaron eco en mi interior y continué escuchándola. Ella habló de las cosas que nadie en nuestra casa tenía permitido discutir. Nunca se mostró crítica o enfadada contra mi padre. A medida que yo crecía, a veces me indicaba con toda seriedad: "Tu papá debería ir a la iglesia. Él hace cosas que no debería hacer. Están mal. Él sale con hombres en lugar de quedarse en casa con su familia".

Resultaba extraño escucharla hablar sobre mi padre y mi madre como lo hacía. Tía Grace me hablaba como si yo fuera una persona real que algún día tendría que elegir el tipo de vida que viviría. Ella me recordaba que yo debía honrar y obedecer a mis padres y entregárselos a Dios. Esto fue desafiante para mí dado que yo ya comenzaba a discernir las diferencias existentes entre mi familia y las demás. Durante muchos años, estuve moralmente dividida entre obedecer con sumisión a mi padre, incluso si me ordenaba que hiciera algo que estaba mal, y elegir no obedecerlo y hacer lo que estaba bien. Thomas y yo continuamos con nuestras visitas a tía Grace hasta que cumplimos doce años y nos mudamos lejos del vecindario.

Cuando mamá volvió a casa en febrero de 1966, obtuve un hermano pequeño, Scott, a quien amaba en forma absoluta y quien también me adoraba. Él era tibio, suave, mimoso y feliz y sus ojos azules estaban salpicados de risa traviesa. Yo tocaba sus tersas manos y su rostro siempre que podía para prodigarle el tipo de afecto que yo nunca conocí. Jugábamos todo el tiempo y, cuando crecimos, yo lo llevaba a pasear en la carriola, de ida y vuelta a lo largo de la acera.

Por fin nos mudamos a la parte superior de la casa y Dennis tomó una habitación al final del pasillo, junto a nuestra recámara. Mi padre compró literas para Thomas y para mí, mientras Scott ocupaba su cuna en nuestra habitación, junto a la puerta. Me emocionaba la perspectiva de subir a la parte superior de la litera y averiguar qué se sentía saltar desde allí, pero papá pronto anuló esa idea cuando clavó con firmeza los barrotes exteriores. Mis padres compartían la habitación frontal, donde Dennis había vivido, aunque muchas noches papá no regresó a casa.

Thomas y yo iniciamos la preprimaria en la escuela pública Earl Haig en el otoño. No recuerdo gran cosa sobre JK, pero sí del jardín de niños. Thomas y yo jugábamos mucho en la cocina y en las áreas de los bloques. También, me gustaba armar los rompecabezas de animales y pintar en los caballetes. Mi vena artística no se materializó tan pronto. Sólo trazaba figuras de casas, pájaros, césped y flores, una y otra vez. De algún modo, yo sabía que eso era lo que se esperaba; por lo tanto, lo hice. Cuando la profesora quería que hiciera algo único, yo pintaba imágenes de pequeños veleros y olas azules de mar mientras pensaba en Jesús sobre las aguas. Había un niño en el jardín de niños que me gustaba un poco porque era muy lindo. Guardé este secreto ya que ese tipo de sentimientos me provocaban una vergüenza innata. Asimismo, había observado que algunos profesores ridiculizaban a quienes expresaban sus enamoramientos infantiles.

Cuando tenía cinco años de edad, nos mudamos a una casa nueva cerca de Danfort y Woodbine, en Toronto; una casa donde no teníamos que recibir pensionistas. Un fin de semana de verano, mientras empuñaba una esponja con jabón para ayudar a papá a lavar el auto, pregunté por qué Dennis ya no vivía con nosotros. La radio del auto sonaba demasiado alto cuando él respondió con sequedad: "No volverás a ver a Dennis nunca más".

"¿Por qué no?", pregunté, alarmada por su determinación al respecto.

Sin mirarme, papá replicó: "Ya no es mi amigo". Eso fue todo. Yo extrañaba a Dennis, mas en ese momento, aún no sabía que habría toda una serie de relaciones en las cuales mi padre se involucraría y a las cuales daría fin en forma abrupta. Lo que me molestó fue la falta de una explicación, dado que yo siempre había tenido a Dennis en mi vida, desde que tenía memoria.

Mientras papá y mamá estaban fuera de casa, Larry comenzó a venir de visita y a cuidar a mis hermanos y a mí. Él era otro amigo de papá. No me agradaba de manera particular. Se enfadaba conmigo con facilidad por no hacer lo que me ordenaba. Durante un juego de escondidas, Larry se exasperó tanto conmigo que me encerró en el armario de mi habitación y salió de allí. Por desgracia, mi dedo meñique quedó atorado en la puerta y sangraba profusamente cuando por fin me dejó salir.

"¡Me lastimaste! ¡Me lastimaste!", grité mientras él corría detrás de mí con un pañuelo desechable. Me pidió que lo sujetara contra mi dedo mientras buscaba vendajes. Cuando mis padres llegaron a casa, mamá envolvió mi dedo con numerosas curitas. Papá estaba tan furioso que juró que Larry nunca más volvería a la casa…, y Larry nunca volvió.

Ya habíamos comenzado a asistir a la escuela pública Gled Hill, desde primero hasta sexto grado. En aquella época, las profesoras principiaron a llamarme por mi segundo nombre, Dawn, en lugar de por el primero, Cynthia. Al principio, esto requirió un ajuste y yo sentí que, de algún modo, implicaba un nuevo inicio como persona. Mamá me explicó que el motivo del cambio de nombre fue que Thomas me llamaba "Cyn", para abreviarlo, y mis padres pensaron que ese homónimo de "sin" daba una connotación errónea a mi nombre.[1] Otra gran modificación fue que Thomas y yo fuimos asignados a diferentes salones de clase y así sería hasta quinto y sexto grado, con la finalidad de que pudiéramos aprender a trabajar en forma más independiente.

Yo no tenía voz en la familia y había dependido mucho de Thomas para que hablara por mí debido a mi problema con el tartamudeo. De igual manera, Thomas era el único que entendía por completo nuestro "idioma de gemelos", esas palabras y frases especiales que sólo tenían significado para nosotros. Sin importar lo dolorosa que fue nuestra separación, pude reconocer que era necesaria. Comencé a desarrollarme en formas que no hubieran sucedido si Thomas hubiera seguido a mi lado. Ambos nos beneficiamos con la separación, aunque nos pareció terriblemente cruel en su momento. Por turnos, fuimos mejores uno que el otro en ciertas materias y nos volvimos muy competitivos. Hubo ocasiones en las cuales pude espiarlo en su salón y siempre me pareció extraño verlo vivir una existencia separada de mí.

Cierto día, en primer grado, tuve el impulso de levantarme el vestido con todo cuidado. Tras asegurarme de que la profesora no miraba hacia mí, me quité la ropa interior y descubrí mi área privada mientras separaba mis pequeñas piernas. Quería saber cómo reaccionarían los niños y las niñas. ¿Acaso se darían cuenta? ¿Lograría con ello que desaparecieran algunas de mis pesadillas? Los niños reaccionaron con ruidosa sorpresa e incredulidad. Tan pronto como la profesora se enteró de lo que ocurría, me llamó al cuarto de los abrigos para darme nalgadas. Recuerdo que me incliné sobre su regazo y que ella me dio una palmada en el trasero. Pareció un castigo leve en comparación con lo que recibía en casa. Después, se me instruyó en voz baja que nunca más volviera a hacerlo.

---

[1] *Sin* en inglés significa "pecado". (N. del T.)

Al minuto siguiente, desafiante, repetí la misma acción y algunos alumnos empezaron a murmurar sobre mí. Para incrementar mi vergüenza, en esta ocasión me corrigieron verbalmente frente a mis compañeros de clase. Apenada, comencé a darme cuenta de que el tipo de franqueza sexual a la cual estaba expuesta en casa no era aceptable en la escuela. La profesora volvió a darme nalgadas y me ordenó escribir el alfabeto cien veces durante el castigo al final de clases. La profesora llamó por teléfono a mamá, quien me propinó más nalgadas cuando llegué a casa y me ordenó que nunca más hiciera eso. Yo estaba confundida porque me castigaban por mostrar un aspecto de lo que yo veía todo el tiempo en mi casa. Mis dos padres siempre andaban desnudos frente a nosotros. Papá, en particular, tenía muy poco sentido de los límites y la decencia cerca de nosotros. ¿Cuál era la diferencia entre ese tipo de conducta y el hecho de que yo me exhibiera ante los otros niños?

Entramos a tomar lecciones de natación en una alberca techada en la escuela Monarch Park aquel verano. Yo las disfrutaba al máximo pues siempre adoré la libertad del agua a mi alrededor, por lo que pronto progresé a niveles más altos de logro como nadadora. En los vestidores, me encontré con provocaciones inesperadas por parte de otras niñas cuando intenté vestirme con una toalla sujeta alrededor del cuerpo. Una niña se acercó a mí y la jaló mientras se burlaba de mí. Días después, ese mismo verano, algunas chicas de otra clase de primer grado se encontraron conmigo en los columpios y me preguntaron si yo era la niña que había mostrado sus partes privadas en el salón de clases. Me avergoncé y negué ser esa niña. Recibía señales confusas, por decir lo menos. En ocasiones, estaba mal exhibirme y, a veces, estaba mal mantenerme cubierta. Mi vida hogareña no sirvió de gran ayuda para comprender esos misterios.

Un par de años más tarde, hallé un pasaje bíblico que decía a los padres que no mostraran su desnudez ante sus hijos. Recuerdo que leí Levítico 18:6-8 a mamá y papá en su habitación; me sentía muy incómoda, aunque segura de que, de alguna manera, aquella Escritura decía lo que yo temía tanto expresar por mí misma. Mi acción tuvo cierto efecto: ellos comenzaron a cubrirse con más frecuencia, pese a que papá no lo hizo con tanta consistencia. Incluso, durante mi adolescencia, él desfilaba por allí en ropa interior.

Asimismo, cuando papá me llevaba al parque a dar un breve paseo, sus atenciones estaban dirigidas hacia otra parte. Cierta vez, cuando yo aún cursaba el primer grado, me llevó a Woodbine Beach, donde había columpios, resbaladillas y un balancín en el área de juegos. Me inquietaba el hecho de que él me empujara en un columpio, pero, dudosa, me subí de todas formas. Mientras él me empujaba, distraído, yo podía percibir su distancia. Como siempre, yo no era su preocupación principal. Él estaba mucho más interesado en los otros hombres que pasaban por allí y hacía comentarios vulgares acerca de sus físicos, en especial sobre sus traseros.

Cuando salíamos a comprar víveres con mi padre, él tomaba alguna fruta de los estantes y nos la daba. También, buscaba bolsas de botanas, antes selladas y que estuvieran parcialmente abiertas, y comía su contenido. ¿Esos actos eran como pequeñas mentiras blancas? ¿No era acaso robar si tomabas una pequeña cantidad de algo que no te pertenecía? ¿Qué debía aprender un niño de esto? ¿Esos pequeños robos estaban bien?

Cuando era pequeño, mi padre acostumbraba tomar ruibarbo y manzanas de las huertas y las granjas vecinas. En el campo, es probable que no tuviera problema alguno por pequeños hurtos de ese tipo; sin embargo, las reglas eran muy diferentes en las tiendas de la ciudad. Cierto día, me mandaron al final de la calle a comprar algunos alimentos con mi hermano. Mientras estábamos en la tienda, yo hice aquello que había visto hacer a mi padre: tomé algunas palomitas de maíz de una bolsa abierta que estaba en un estante inferior. El gerente de la tienda me descubrió. Yo me sentí absolutamente desconcertada y dije al gerente: "La bolsa estaba abierta, así que tomé algunas. Mi padre también lo hace".

No importó; me solicitaron no frecuentar esa tienda de víveres nunca más. Entonces, la siguiente ocasión que tuve que comprar algunos víveres, caminé más por la avenida Danforth hasta Becker's para comprar leche y pan. Fue más adelante cuando me di cuenta de que ésa no sólo era una forma de robo, sino que también pude haber sido encarcelada.

En términos académicos, papá tenía grandes expectativas para mí. Él intentó enseñarme algunas cosas, como decir la hora; no obstante, me preocupaba tanto no hacerlo bien que no podía concentrarme. Además, tenía dificultades para concentrarme en las lecciones en la escuela y perdía la conciencia si toda la atención se centraba en mí. Me sentía estúpida en comparación con mis compañeros, temerosa de hacer algo mal y de recibir un castigo o de ser ridiculizada en la escuela y después, de nuevo, en casa. En primer grado, me colocaron en el grupo de lectura más deficiente. Me ponía nerviosa cada vez que se me pedía leer en voz alta o responder preguntas. Como perdía los trozos de papel y las notas, a menudo olvidaba estudiar con anticipación para los cuestionarios o los exámenes. Estaba tan confundida y estresada que los profesores creían que yo mentía, así que me castigaban por no decir la verdad.

Una mañana temprano, en el colegio, una de las niñas en mi mesa comenzó a gritar de pronto que mi ojo sangraba. Yo miré las tijeras que sostenía con la mano derecha y que había utilizado para cortar algunas figuras y me di cuenta de que mi cabeza, de alguna forma, había caído sobre las tijeras, sólo a un centímetro de distancia de mi ojo. Tal parecía que me había desmayado y ahora alguien me llevaba de prisa a la oficina del vicedirector para que me acompañaran a casa con mi preocupada madre. Me dieron una toalla fría y húmeda para que la mantuviera sobre mi ojo durante el trayecto a casa y luego mamá me llevó al hospital para que me cosieran. A pesar de que nunca volví a perder la conciencia de modo tan drástico como aquella vez, continué perdiendo objetos, no recordaba algunas lecciones aprendidas y me descubrí incapaz de lidiar con la tensión diaria en la escuela y en casa.

Cuando tenía seis años de edad, me sometí a otra cirugía para abrir el conducto nasolagrimal obstruido de mi otro ojo. Esta vez, yo ya era mucho más independiente, pues me lavaba los dientes, me bañaba y me vestía sola. Conversaba mucho con las enfermeras, en especial la noche posterior a mi operación. El contenido de mi estómago no dejó de salir por mi boca como respuesta a la anestesia. Recuerdo que cambiaron las blancas sábanas de mi cama no menos de cuatro veces. Fue necesaria mucha paciencia para atenderme aquella noche. Yo disfruté la atención adicional, sin importar cómo la obtuve. Recuerdo que charlé con una adolescente otra noche, cuando me sentía muy sola; me sentí muy honrada de que ella se dignara a conversar con alguien mucho más joven.

Mamá llegó a hacerme una breve visita, pero se marchó pronto. Mis entrañas se contrajeron pues no podía soportar la idea de pasar otra noche lejos de mi hogar. Desde luego, papá no me visitó ni una vez. Tampoco recuerdo haber escuchado fanfarrias de bienvenida cuando regresé de aquella estancia en el hospital.

(Dis)funciones familiares

En ocasiones, mis padres, mis hermanos y yo hacíamos viajes al este de Ontario. Por lo regular, esos viajes incluían una visita a Sandbanks, al hogar de los padres de mi madre o al de la madre de mi padre. Casi siempre, mamá nos llevaba sola en el auto a visitar a sus padres y dejaba a papá para que éste disfrutara algún tiempo a solas con sus amantes. Era común que mamá se alterara y se sintiera exhausta y éste era precisamente el tipo de estado que podía provocar una reacción de insulina, por lo que Thomas y yo sabíamos que debíamos sacar una barra de chocolate de su bolso y dársela si empezaba a conducir el automóvil en forma errática.

Cuando el abuelo y la abuela se jubilaron, se mudaron a un tráiler del tamaño de una casa de muñecas en un área pobre de Belleville. La puerta lateral daba acceso a una pequeña cocineta con ventanas a ambos costados para dejar entrar la luz. A la izquierda, había una diminuta sala de estar frontal con un sillón reclinable marca La-Z-Boy. El abuelo y la abuela compartían la habitación del frente y tío Edward dormía en la habitación trasera. En ocasiones, nos quedábamos allí a dormir y mis hermanos y yo compartíamos el sofá-cama.

Mi abuelo era un granjero y jardinero activo que amaba sus frijoles, zanahorias, papas y maíz cultivados en casa. En particular, sus tomates eran deliciosos. El abuelo solía moler sus propias semillas de trigo para transformarlas en burda harina antes de hornear pastelillos de trigo y miel o salvado para los bocadillos. Empleaba agua de pozo que tomaba de un balde en el mostrador de la cocina. A veces, yo salía a bombear el agua del pozo; me parecía que el agua tenía un sabor sucio, según la época del año.

Lo que más me fascinaba de mi abuelo era cuando hablaba acerca de la *Biblia* y los tiempos finales. Podía conversar por horas con una nueva interpretación cada visita y yo me sentaba a escucharlo y a imaginar todos los escenarios. Podría parecer extraño que una niña de seis años de edad estuviera tan cautivada por las historias del Apocalipsis, pero esos relatos estaban llenos de un sentido de justicia y rectitud que estaba ausente en aquellas raras ocasiones en que mi padre hablaba conmigo acerca de la Biblia. También, reforzaron la idea de que yo necesitaba tomar buenas decisiones en mi vida. En momentos, sentía temor, pero mi abuelo me aseguraba que yo estaría bien cuando todo eso ocurriera. Me encantaba escuchar las cintas de audio de un hermano cristiano que era conferencista especial en reuniones de campamento. Yo disfrutaba las plegarias de mi abuelo y su hospitalidad; además, siempre que le preguntaba algo, él me explicaba con alegría un poco más. A él le agradaba tener público y yo pasaba horas en su compañía siempre que podía.

Por otra parte, mi abuela tenía epilepsia con convulsiones generalizadas cuando no tomaba su medicamento. Con frecuencia, guardaba silencio y no reaccionaba a lo que sucedía, de manera que mi abuelo se encargaba de cocinar y de limpiar la mayor parte del tiempo. Por lo común, ella me regañaba cuando me metía en asuntos que no debía. Llegué a comprender, años después, por qué mi madre nunca aprendió a atender y a amar a sus hijos.

Allí tenía un ejemplo frente a mí. Mi abuela era una victoriana mujer cristiana que portaba largos vestidos de colores oscuros y un relicario de marfil colgado al cuello con una sencilla cadena de oro. Por lo general tenía el ceño fruncido y un tono estricto en la voz que no permitía tonterías. Pero una cosa que sí sabía hacer era rezar.

El tío abuelo Edward era un hermano menor de la abuela y nunca se casó. Siempre utilizaba tirantes negros sobre camisas blancas de manga larga y pantalones largos de vestir. Era un poco lento porque nació con el cordón umbilical enredado en el cuello, el cual le cortó el suministro de oxígeno al cerebro durante algunos minutos. Me causaba curiosidad el motivo por el cual vivía con su hermana y su cuñado a una edad tan avanzada. En apariencia, tuvo un negocio de cuidado de jardines en Picton durante un tiempo y manejaba bien el dinero. Ahora, estaba a la espera de mudarse a una casa de asistencia cercana dado que la abuela ya no podía cuidarlo. Él era un alma gentil y lamento haberlo evitado tanto como me fue posible. A pesar de ello, en comparación con la familia de mi papá, la infancia de mamá había sido idílica.

La madre de mi papá siempre formó parte de nuestras vidas, pero sólo vimos a su padre algunas veces. El abuelo, quien era primo de la abuela en primer grado, murió a los cincuenta y tantos años de un ataque cardiaco y dejó a la abuela benditamente sola. Ella ya había criado a sus siete hijos para entonces. Mi papá fue el sexto hijo. En ocasiones, la abuela venía a visitarnos y preparaba un poco de dulce de chocolate o de nuez u horneaba gruesas galletas de mantequilla de cacahuate para nosotros. Siempre me sorprendió su energía y entusiasmo. Ella disfrutaba la vida a pesar de haber sobrevivido a dos guerras mundiales y a la Gran Depresión. Decía lo que pensaba con sencillez y prudencia y, cuando no estaba de acuerdo con algo, lo hacía saber sin ambages. Nosotros la visitábamos en la granja donde papá creció. Yo disfrutaba las escaleras de caracol que conducían al piso superior.

El hogar de la abuela era acogedor, cálido y repleto de grabados en blanco y negro del cambio de siglo. Asimismo, me gustaba el deteriorado granero, donde se guardaban las vacas y las ovejas, y el gallinero. Más que otra cosa, me gustaban los conejos y otros pequeños animales que vivían en la granja.

Dado que la abuela no podía subir las escaleras con facilidad, en una ocasión preparó un baño para mí en la cocina, en una vieja tina de metal. Ella hirvió ollas de agua en la estufa y las vertió en esa tina. Pude lavarme con un blanco jabón Dove y fue un agasajo tomar un baño a la antigua. Era muy amable con mi hermano y conmigo. Creo que la dejamos agotada cierta ocasión que nos quedamos con ella cinco días seguidos, cuando ya éramos mayores.

Yo disfrutaba las caminatas por la calle principal, pasar por la vieja oficina de correos, Woolworth, el pequeño cine y la biblioteca principal. Me encantaba mirar los árboles que se alineaban a los costados de las calles en ese vecindario donde hasta la choza más humilde tenía jardines atendidos con todo cuidado. Las lilas florecían en la primavera en los jardines de mucha gente y a lo largo del verano veíamos geranios rojos y blancos, pensamientos y alegrías. El aroma del verano en el campo era cautivante para esta niña criada en la ciudad.

Durante la Segunda Guerra Mundial, mi abuelo y algunos de los hermanos mayores de papá se marcharon a luchar. La abuela tuvo que cuidar sola a sus hijos con muy poca y preciosa ayuda de la familia de la iglesia. Tenía tan poco dinero que no sé cómo alimentó, vistió y crió a los niños más pequeños. Mi padre y todos sus hermanos compartieron una pequeña habitación sin calefacción en la vieja granja. Él se levantaba tiritando de frío, con nieve acumulada en el interior de la ventana tras una noche tormentosa de invierno. Papá aprendió a trabajar en todos los aspectos de la granja; a menudo se levantaba antes del amanecer para alimentar a los animales y limpiar sus corrales antes de partir a la escuela, la cual sólo tenía un salón. Tuvo que esforzarse muchísimo para obtener buenas calificaciones y se sintió muy orgulloso de sí mismo cuando terminó el decimotercer grado. Después de todo, sólo él y otro de sus hermanos consiguieron llegar a bachillerato.

Papá no vio mucho a su padre durante los primeros cinco años de su vida. En retrospectiva, ésa fue la era dorada de papá. Cuando su padre regresó a casa en 1945, la situación cambió de manera radical. Si tenía suerte, papá sólo era ignorado. Existen historias de haber sido abandonado afuera de la cantina del pueblo en una vieja camioneta de granja sin calefacción durante interminables horas, mientras su padre entraba para beber y dejaba afuera a su hijo, helado, hambriento y temeroso. Su padre desperdiciaba así la tarde y la noche.

Mucho tiempo después, papá me contó que había sido víctima de abusos físicos y sexuales en repetidas ocasiones. Sucedía con tanta frecuencia que fue herido más allá de toda recuperación natural. El abuelo asaltaba físicamente a mi abuela y abusaba sexualmente de su hija, Bea. Los efectos de la epilepsia de Bea empeoraron debido al terrible estrés que debía soportar. Mucho tiempo después, papá me platicó que en varias ocasiones escuchó los gritos de Bea en el granero, donde su padre y algunos de sus hermanos mayores la violaban por turnos en grupo. De acuerdo con mi padre, ella sufrió una embolia y tuvo muchas dificultades emocionales y físicas debido a sus lesiones, incluso parálisis en la mitad de su cuerpo. Le recetaron medicamentos, sufrió depresión severa y vivió con su madre antes de morir al inicio de su cuarta década de vida. Éstos son vergonzosos secretos familiares que casi nunca se mencionaron en forma abierta, aunque sus silenciosas consecuencias pudieran surgir en los momentos más inesperados.

Thomas y yo estábamos sentados afuera, en la acera de la entrada para autos cierto día, e imitábamos con inocencia los dedos de la mano de tía Bea, siempre doblados en las primeras falanges. Sin saberlo nosotros, ése fue el legado de la embolia que sufrió a causa de las violaciones.

De pronto, mi padre apareció sobre nosotros y encogimos los ojos para distinguir su rostro al levantar la cabeza y ver el sol exactamente detrás de la suya. Él nos ordenó con voz severa que nunca nos burláramos de una persona con discapacidad, en especial de nuestra tía Bea. No comprendimos su sensibilidad al respecto hasta mucho tiempo después, cuando resultó evidente que las aflicciones de tía Bea representaban los peores aspectos de su pasado y del hogar donde él creció.

Yo disfrutaba los pocos recuerdos felices de la infancia de papá, aunque las historias más tristes me enervaban y me daban claves del motivo por el cual él vivía su vida adulta en circunstancias tan precarias, corría riesgos e intentaba diversas estrategias para anestesiar el agudo dolor psicológico que compartía tan poco con cualquier otra persona. Ahora puede verse por qué la piedad y la compasión son tan necesarias al recordar a mi padre. Él tuvo una vida más difícil que la mía en muchos aspectos y superó muchas adversidades. ¡Si sólo hubiera conocido el amor, la aceptación, la pertenencia, la recuperación! Cuando era adolescente, necesitaba anteojos y no podía leer el pizarrón en la escuela. Papá mencionó que sus compañeros de clase se burlaban de él por su vista corta, pero yo creo que había algo más detrás del ridículo que sólo eso: se filtraron rumores de que papá y uno de sus compañeros de clase tenían una relación sexual. Papá se marchó de su casa a los quince años de edad, luego de que su padre intentara arrollarlo con el tractor de la granja, durante una de las tiránicas masacres alcoholizadas del abuelo. Azorado y devastado porque su propio padre había intentado asesinarlo, papá se fue a vivir con su hermana mayor y su esposo en el este de Ontario antes de mudarse a Toronto y conocer a mi madre. A los veinte años de edad, ya estaba casado y a los 22 ya tenía gemelos.

La abuela vivió en un apartamento antes de mudarse a otro de un piso en una pequeña ciudad y siempre nos hizo sentir en casa, a pesar de estar muy ocupada con los cuidados para mi tía Bea. No obstante la permanente deformidad de su mano, Bea era una talentosa tejedora que creaba artísticos diseños con sus manos, recibía elogios y enseñaba su técnica a otras personas.

Me fascinaba su habilidad para mantener una tensión lo bastante consistente para tejer diseños decorativos con el empleo de pequeños marcos manuales. El tejido se formaba hacia delante y hacia atrás mediante la urdimbre para elaborar hermosos manteles y mantas.

Yo sé que las terapias ocupacionales como el tejido de cestos, son útiles como una especie de código abreviado de la locura que los comediantes de escenario usan en sus rutinas; sin embargo, ese hecho sólo magnifica ante mis ojos el apabullante horror del infortunio de Bea, así como su conmovedora recuperación, hasta donde ella pudo alcanzarla. Bea fue una mujer buena y talentosa, sólo una niña cuando fue destruida por los hombres de su vida, quienes, por el contrario, debieron cuidarla. Pese a ello, después de que ellos le hicieron lo peor posible, en ese pequeño rincón de su vida, Bea no se permitió a sí misma extinguirse para siempre. Así de insignificantes y patéticos como podrían parecer sus tejidos ante los estándares mundanos, yo aprecio una especie de victoria que puede conmoverme hasta las lágrimas. Como una persona que ha sufrido mucho menos y aún se esfuerza a diario para eliminar los nihilistas efectos de mi crianza, yo tomo valor y esperanza del involuntario ejemplo de mi tía.

Durante mi séptimo verano, papá nos ayudó a construir un carrito rojo de madera en el cual podíamos sentarnos y empujarnos con los pies para recorrer la acera de arriba abajo. A papá le complació haber iniciado ese proyecto, como si nos compensara por los años anteriores de descuido, pero ya era demasiado tarde y nosotros ya éramos muy grandes para disfrutar de verdad el carrito. Continuamos con el proyecto, tanto por él como por nosotros, aunque sabíamos que no tendríamos que esperar mucho para que su atención flotara hacia otra dirección. Incluso cuando una pareja de ancianos de la iglesia nos prestó una cabaña, papá fue incapaz de permanecer con su familia durante una semana completa. Quizás a manera de autodefensa, nosotros aprendimos a eliminarlo de nuestra atención antes de que él nos hiciera lo mismo.

Papá organizó que Thomas y yo vendiéramos productos domésticos para limpieza y tarjetas de felicitación de puerta en puerta al salir de clase y durante los fines de semana, a pesar de que aún éramos demasiado jóvenes. Él quería que aprendiéramos el valor de un dólar, pero nosotros no pudimos conservar ninguno. En el otoño, nos dejaba en un vecindario de clase alta, en O'Connor Drive, junto al parque Taylor Creek y muy lejos de casa, y nos ordenaba vender productos Regal (tarjetas navideñas y papel para envolver) de casa en casa con el fin de ganar dinero adicional para un viaje a Florida. No había acceso a ningún baño y no teníamos botellas de agua. A veces, comíamos algún bocadillo. No teníamos modo de volver a casa, salvo esperar a que papá volviera a recogernos. Entonces, además del trabajo doméstico y las tareas escolares, de pronto me encontré con muchas más responsabilidades de las que tenían mis amigos. Esta situación me hacía sentir nerviosa y temerosa ante la posibilidad de cometer un error, aunque es probable que también me preparara para lo que estaba por llegar. El hecho de afrontar esas responsabilidades adicionales nos hizo depender menos de mamá con su inestable salud, la cual estaba a punto de tomar un drástico giro para empeorar. Y es posible que papá sintiera que no tendría que hacerse tan responsable de nuestro cuidado si crecíamos rápido. Él podría marcharse adonde deseara con sus amigos sin preocuparse por nosotros.

Cierto día, fui la primera en llegar a casa de la escuela. Llovía mucho y mi ropa estaba empapada por completo. Subí los escalones de la puerta frontal y la hallé cerrada con llave. Comencé a golpearla con fuerza y pude ver a mi madre reclinada contra la pared, sentada junto al teléfono en la sala frontal. Ella no respondía a mis gritos de que abriera la puerta y me percaté de que quizá sufría una grave reacción diabética a la insulina. En lugar de revisar la puerta trasera, grité aterrorizada mientras me preguntaba qué debía hacer. Llegó una vecina de la casa de junto, se asomó a través de la vidriera y con toda calma tomó mi mano y me indicó que la acompañara. Tenía hijos, por lo que confié en ella. Me llevó a su casa y me hizo tomar un baño muy caliente mientras conseguía ayuda para mi mamá. Para cuando salí de la bañera y me había vestido, mis hermanos ya recibían los cuidados de esa querida vecina y nos quedamos con ella hasta que mamá revivió.

Esa noche, mamá estaba furiosa con nosotros. Nos decía: "¿Por qué no entraron por la puerta trasera? ¿Cómo pudieron hacerme esto? Ahora todos van a enterarse de mi situación". Yo no dije mucho porque me sentía apenada por lo que había sucedido. Me enseñaron que, si aquello ocurría de nuevo, yo debía darle a mamá a beber de emergencia un vaso con jugo de naranja y azúcar.

Ese invierno celebramos nuestra única fiesta de cumpleaños con compañeros de la escuela y otros niños invitados. Mis padres prepararon hot-dogs y helado; además, organizaron juegos como ponle la cola al burro y una cacería de dulces antes de que abriéramos nuestros regalos. Cuando resultó que en realidad no recibimos muchos obsequios, papá decidió que las fiestas de cumpleaños provocaban demasiadas complicaciones y juró que nunca más celebraría otra fiesta. Y nunca lo hizo.

Nosotros decoramos el árbol de Navidad aquel año con adornos hechos en casa. Nunca antes lo habíamos hecho y nunca más volveríamos a hacerlo. Había grandes regalos acomodados debajo del árbol y los tres niños estábamos emocionados. Papá tenía un buen trabajo, mas no comprendía por completo que vivía una doble vida que drenaba gran parte de sus ingresos. Ese verano había viajado a una reunión homosexual en Nassau con otro hombre y había gastado mucho dinero allí. A primera vista, todo lo que podíamos apreciar era que nunca antes habíamos recibido tantos regalos navideños. Sin que nosotros lo supiéramos, en su mayoría, se trataba de juguetes usados y maltratados. Es probable que papá hiciera otro intento extemporáneo de ser más un padre para nosotros, aunque una vez más, ya era demasiado tarde.

Mi sensación de expectativa se convirtió en cenizas cuando desenvolví una muñeca rota y una tabla para planchar usada. Todos los obsequios de mis hermanos eran también de segunda mano. El único regalo de mamá fueron pequeños frascos de muestras de diferentes fragancias en una caja rectangular. Me sentí herida y poco valiosa, por ella y por mí. Corrí escaleras arriba e intenté ser agradecida por lo que había recibido, pero no pude contener las lágrimas. Nos habíamos esforzado mucho porque la Navidad fuera grandiosa aquel año y, con todo, nuestros esfuerzos habían terminado así. Me sentí muy triste por mi hermano gemelo que había confeccionado y colocado todos los adornos. Nunca más celebró en grande la Navidad.

La mayoría de los niños adoran la tradición y las celebraciones. Como reacción contra nuestra decepción, mis hermanos y yo empezamos a jugar a la Navidad entre nosotros e intercambiábamos lápices, borradores y monedas usados como obsequios. Más tarde, me percaté de que papá sencillamente no soportaba los cumpleaños, las vacaciones o las Navidades debido a los infelices recuerdos que estas fechas evocaban de su infancia. Por tanto, no estaba con nosotros esos días o desarrollaba sus mediocres sustitutos, en ocasiones el 26 de diciembre.[2]

Ese verano, papá nos sorprendió con bicicletas, aunque no se molestó en enseñarnos a montarlas. Un agradable hombre del este de India que vivía en la casa contigua aceptó esa labor: nos llevó a Thomas y a mí al patio de la escuela, donde nos enseñó a pedalear y a mantener el equilibrio. Una vez que Thomas y yo aprendimos a andar en bicicleta, papá nos llevaba a veces a dar paseos en el parque Taylor Creek, una reconocida área donde los homosexuales solían lucirse y ligar.

Ese mismo verano, Steve, quien sólo tenía 18 años de edad, se convirtió en visitante asiduo de la casa, se presentaba a cualquier hora y recorría todas las habitaciones, como si fuera suya. A mamá no parecía molestarle. A veces,

---

[2] Boxing Day es una festividad oficial en las excolonias británicas que promueve la realización de donaciones a las clases pobres. Su origen se remonta a la Edad Media. (N. del T.)

encontré a Steve en el acto de cepillar el cabello de mamá hacia atrás y de peinarla. En ocasiones, salían juntos de compras. Él preparaba guisos en nuestra cocina si se sentía un poco hambriento o se estiraba en el sillón para tomar una siesta. Steve también comenzó a jugar juegos de cartas o de mesa por las noches, durante los fines de semana, con mis hermanos y conmigo, incluso sobre las papas fritas y las salsas regadas por allí. Nosotros disfrutábamos mucho la atención, pues papá nunca se quedó quieto el tiempo suficiente como para jugar con nosotros. Papá refunfuñaba cuando llegaba tarde a casa del trabajo y nos hallaba aún despiertos y jugando con Steve. Ceo que papá se sintió celoso de la cercanía que se había desarrollado entre Steve y sus hijos, y quizá le preocupó que Steve coqueteara con los chicos.

El hermano menor de Steve también comenzó a venir a la casa durante algunos fines de semana, pero aquello no duró mucho tiempo. Ni siquiera supe su nombre. Apenas habíamos regresado de cosechar fresas y yo estaba en el patio trasero, lavaba las fresas en un recipiente con agua cuando escuché una conversación en voz alta entre mamá y papá. Algo terrible le había acontecido a uno de los amigos de papá. Entré a la casa, tomé asiento en el extremo de la mesa de la cocina y me dispuse a escuchar con atención. El rostro de papá lucía abatido y ni siquiera me miró. Con los ojos llenos de lágrimas y actitud petulante, expresó: "No sé por qué tengo que ir a identificar el cadáver. ¿Cómo fue que la policía supo mi nombre?"

Tal parecía que el hermano menor de Steve se había suicidado: había saltado de un edificio muy alto y la policía llamó a papá para que fuera a identificarlo. Resultaba evidente que, de alguna manera, papá se sintió responsable e intentó consolar a Steve. Yo me pregunté qué sucedía. Ya había escuchado a medias que mamá había descubierto notas de amor arrugadas y arrojadas en el bote de basura. En apariencia, ella había comentado a unas cuantas amistades que papá y algunos de sus novios tenían relaciones sexuales en la habitación de mis hermanos y mía cuando no estábamos presentes. ¿Era posible que papá coqueteara con Steve y con su hermano al mismo tiempo? ¿Era posible que el hermano dejara alguna nota que identificara a papá y que ése fuera el motivo por el cual la policía deseaba verlo?

Poco tiempo después de que el hermano de Steve se quitara la vida, otro amigo de papá llegó a la casa para cuidarnos. Paul nos llevó a dar un paseo en el metro y, de regreso en casa, lo observamos mientras él sumergía fresas en oscuro chocolate derretido y colocaba esas tentadoras delicias sobre una capa de galleta que guardó dentro del refrigerador. Cuando papá llegó a casa y descubrió que el refrigerador estaba lleno de fresas cubiertas con chocolate, lo invadió la furia. Planeó reprenderlo con total severidad y supongo que lo hizo porque, más o menos una semana después, Paul también estaba muerto: se suicidó de la misma forma que el hermano de Steve. Yo estaba devastada y con el tiempo aprendí a reprimirme y no conocer a los amantes masculinos de papá. Lo común era que papá tratara a sus relaciones como si fuera a usarlas durante un tiempo y luego las desechara si se volvían amargas por cualquier motivo. Era casi como si despidiera a esos hombres cuando ya no le resultaban de utilidad.

Me sorprendía que aquellos amantes no se encontraran entre sí cuando aparecían y desaparecían de nuestra casa, tras tocar siempre por la puerta trasera. Gary comenzó a venir y llegaba sin anunciarse en busca de papá. Era bastante joven y tenía una sonrisa maravillosa. A papá le molestaba que él viniera todavía y pienso que resentía el hecho de que a Gary le agradaran sus hijos. En una de las últimas veces en que lo vi, Gary nos regaló libros clásicos a Thomas y a mí por nuestro décimo cumpleaños. El mío fue *Mujercitas* de Louise May Alcott. Él escribió en la primera página: "Dic., 1972, para Dawn con amor, Gary". Papá debió hablar con él porque pronto dejó de venir para siempre. La última vez que lo vi, trabajaba en una tienda de ropa para caballeros en el centro de Toronto. Más tarde, me enteré de que Gary había muerto a causa del sida a los 42 años de edad.

Cuando el ciclo escolar concluyó, papá decidió desechar el viejo horno de carbón y cavar el suelo del sótano. Llegaron obreros con martillos mecánicos. Una excavadora retiró los escombros e hizo más profundos los cimientos. Luego, llegó un camión de cemento y vertió concreto a través de la pequeña ventana lateral del sótano. Mientras contemplaba sorprendida todo aquello, por accidente dejé caer un pepinillo al eneldo en el cemento fresco. Los hombres lo retiraron y me regañaron porque tuvieron que aplanar la mezcla de nuevo en ese sitio.

Cuando todo se hubo secado, se instaló un nuevo horno junto con una pared para separar el cuarto de lavado del salón recreativo. Paneles con material aislante se alzaron alrededor de las paredes externas de la habitación. A continuación, instalaron una alfombra rústica color naranja con bajoalfombra de buena calidad. Yo me preguntaba qué sucedía y por qué papá se tomaba tantas molestias sólo para arreglar el sótano. Bueno, la respuesta llegaría muy pronto.

Lovecraft

Oficialmente, Steve se mudó a nuestro recién renovado salón recreativo en otoño, cuando cumplí ocho años de edad. Con cierto morbo, yo esperaba que algo horrible le ocurriera, pero él vivió con nosotros durante los siguientes cuatro años. A pesar de que papá y Steve vivían bajo el mismo techo y de una manera que podría decirse que era estable, papá se reservó el derecho de coquetear con otros hombres cada vez que se le antojaba. En ocasiones, mientras Steve se vestía por las mañanas, yo bajaba las escaleras para observarlo mientras se aplicaba cremas humectantes, bronceador, loción y rímel. Incluso, utilizaba un rizador de pestañas. Sus pulcramente alineados artículos de tocador llenaban un estante entero. Me sorprendía lo particular y minucioso que era con esos detalles cosméticos. Nunca había visto a mi madre arreglar su rostro en un ritual matutino que se comparara con el de Steve. A veces, durante la calma de la noche, él sacaba sus pinturas y trabajaba en un caballete o me mostraba las artesanías con las cuales experimentaba. En especial, me fascinaban las coloridas y bohemias impresiones trazadas por Henri de Toulouse-Lautrec que decoraban sus paredes y me intrigaba constatar que el apartamento de Steve era el depósito de las varas y las correas con las cuales mamá solía castigarnos. ¿Para qué querría tener esos implementos en su habitación?

Con frecuencia, papá, Steve, mamá y yo paseábamos en el parque Taylor Creek, aunque yo me sentía vacilante sobre mi bicicleta y me caía con facilidad. Algunos sábados por la tarde, mis hermanos y yo íbamos solos a ese sitio y, en otras ocasiones, Steve y papá se marchaban sin nosotros. En las noches de invierno, yo iba a patinar a la pista Nathan Phillips, en Toronto, con papá, Steve o algún otro de los amantes de papá y, a veces, mamá y mis hermanos. Patinábamos al ritmo de la música clásica y pop. Las luces y las decoraciones navideñas colgaban de los postes y en los pasillos, encima de nosotros. Para descansar, íbamos al puesto concesionado a beber chocolate diluido, pero muy caliente, que hacía arder mi paladar durante los primeros tragos. Tras unas cuantas docenas de vueltas en la pista, yo aflojaba las agujetas de mis blancos patines de bota para aliviar la tensión en mis tobillos antes de regresar de nuevo al hielo. Aunque, de alguna forma, aquellos eran paseos familiares, papá sentía un desinterés fundamental por sus hijos; además, casi ninguno de sus amantes tenía hijos propios. Pese a que alguno de ellos sintiera un interés pasajero por mí, esos hombres, yo lo sabía, no estaban interesados en mí en forma personal, sino a modo de acercarse más a papá.

Papá me llevaba a Yorkville por las tardes para ver la remodelación de algunas partes de la ciudad. Estaba entusiasmado con algunas de las áreas de paseo para hombres homosexuales que se habían abierto. A papá le agradaban sus múltiples parejas y la vida nocturna del centro y, a mi inconsciente manera, yo absorbí su entusiasmo. Ocupaba mi sitio en el asiento trasero e inclinaba la cabeza hacia atrás para contemplar, a través del parabrisas trasero del automóvil, el resplandor de las torres de oficinas y apartamentos al pasar. Poco sabía que eso era todo, excepto por los hombres que nos rodeaban y se miraban entre sí a ambos costados de la calle, fuera de las cafeterías y los escaparates. En ocasiones, durante el día, papá me llevaba a la villa homosexual del centro, donde los artistas vendían sus obras, y me presentaba a los hombres que conocía. De igual forma, papá me conducía al sofisticado distrito comercial y a algunos de los restaurantes más elegantes. Él me informó que había un edificio de apartamentos en específico que no tenía permitido visitar, donde él pasaba la noche con sus amigos. Ciertas veces, papá llevaba a sus tres hijos a las albercas Woodbine Beach, ostensiblemente para nadar juntos. Una vez que llegábamos, él nos dejaba en la alberca con estrictas instrucciones de no ir a ninguna otra parte, no arrojarnos del trampolín alto y no hablar con extraños, mientras él se marchaba en busca de conquistas sexuales frescas. Nosotros ignorábamos adónde iba en esas ocasiones, pero se nos había instruido no llamar la atención en caso de que otras personas mayores notaran que esos tres niños pasaban el día entero sin un acompañante adulto.

Durante las comidas, frente a la mesa de nuestra cocina, a menudo escuché hablar a papá acerca de los baños públicos para homosexuales. Esos humeantes establecimientos en el centro de Toronto eran lugares donde los hombres homosexuales o bisexuales podían reunirse para tener relaciones sexuales anónimas. Con frecuencia, la policía los allanaba y los clausuraba, pero pronto abrían de nuevo a lo largo de la calle Yongue o en alguna de las calles aledañas. No obstante que papá nunca me llevó a los baños públicos, sí me llevó a Hanlan's Point. Se trataba de la "playa homosexual" no oficial en el extremo más recluido de la isla de Toronto, donde los hombres se conocían y formaban parejas para conversar o quizá para tener relaciones sexuales en las secciones de césped alto. Aunque era ilegal, muchas personas tomaban desnudas el sol y se avisaban unas a otras al primer vistazo de la policía. Papá exploró las mejores áreas de la playa antes de colocar nuestra manta sobre la arena y yo me pregunté por qué me habría llevado a ese sitio. No vi más niños alrededor de nosotros. ¿Acaso me utilizaba como una especie de señuelo? ¿Acaso la presencia de un menor atraía al tipo de hombre que él esperaba conquistar? Poco antes del ocaso, papá me pidió quitarme toda la ropa para ir a nadar y yo me negué por completo, para su gran decepción.

El hecho de estar cerca de papá, incrementaba mis conflictivos sentimientos de curiosidad, culpa y confusión acerca del sexo. El sexo no era nada especial para él. Lo consideraba algo gratuito, pero, por instinto, yo no pensaba igual y nunca lo haría. Los viernes por la noche, a horas avanzadas, cuando ya tenía mi propia habitación, yo cambiaba los pocos canales de mi televisor y encontraba algunos programas pornográficos en CITY TV. Me resultaba difícil apartar la mirada y, si escuchaba pasos por el corredor, lo apagaba. Unos años después, cuando estaba con papá en el centro de transmisión de CITY TV, en el centro de la ciudad, lo escuché decir a los empleados: "Qué bueno que volvieron a programar *Baby Blues.* Me agrada verlo". Papá apoyaba con firmeza la libertad de expresión sexual; incluso había modelado para algunas revistas clandestinas y para ciertos materiales pornográficos.

Cierto día, papá y su novio *du jour* me llevaron a un elegante distrito de la moda en Yorkville con la intención de visitar una nueva tienda de ropa interior para caballeros, donde sentí repulsión ante algunos de los diseños con formas y con total exposición frontal representados en carteles y maniquíes. Papá me llevó consigo a los lugares de reunión de las diferentes subculturas homosexuales: los parques y los vecindarios de paseo, los clubes y las playas. Él disfrutaba el ambiente cosmopolita a su alrededor y de sus amigos y quería compartirlo conmigo. ¡Hay que imaginar a un chico de granja con ese estilo de vida! Sus ojos siempre buscaban algo más para poseer, mientras yo sólo ansiaba la seguridad de su amor. Temía ser rechazada como muchas de sus parejas si me atrevía a murmurar una palabra de ingratitud, de manera que no interrumpí su fantasía. Yo iba con él casi a cualquier parte, siempre con la esperanza de que me prestara atención y me valorara por ser quien era.

En ocasiones, cuando caminaba con papá y su novio luego del trabajo durante el verano, me esforzaba por mantenerme a su paso. Él me llevaba a restaurantes elegantes, donde los hombres podían coquetear. Yo notaba la aceptación, las sonrisas y el fácil sentido de diversión en esos sitios. Por lo general, había una multitud mixta de parejas heterosexuales, turistas y hombres homosexuales que parecían vivir en el área. En esa época, yo no me percataba por completo de lo que acontecía. Era importante estar con papá, pese a los degradantes ambientes que principiaba a conocer y ante los cuales me desensibilizaba. Llega un momento en el cual uno acepta lo que se convierte en un suceso cotidiano. Si uno lo escucha y lo ve lo suficiente, lo cree y lo acepta como costumbre.

Él me explicó que los hippies y los hijos de las flores habían vivido en el área de Yorkville y la manera como ésta se había revitalizado. Una noche, me llevó a Lovecraft, una tienda de artículos sexuales que recién había abierto a principios de los años setenta. Recuerdo los atestados exhibidores de perfumes con sabores frutales, los consoladores de color carne, las pantaletas comestibles, los juegos sexuales para adultos y la lencería. Me sentía un poco joven para ver todo aquello, mas papá no interpretaba los asuntos sexuales de esa manera. Él estimulaba mi curiosidad y me motivaba a mirar los nuevos artefactos, mientras yo, con toda inocencia, tomaba los grandes vibradores y consoladores y me preguntaba cómo se empleaban. Tal vez al percatarse de lo inapropiado que aquello podría parecer para otras personas, él se inclinaba y me pedía dejar un consolador en su sitio cuando notaba que un vendedor se aproximaba a nosotros. Mamá guardaba silencio en el exterior de la tienda mientras papá y yo estábamos adentro. "Ella necesita saber sobre el sexo", le decía.

Papá me llevaba por las aceras para conocer a los artistas y artesanos que vendían sus obras. Él reconocía a algunos de los empresarios y conversaba con ellos durante un rato antes de continuar. Uno de los novios de papá trajo a casa un hombre tallado en madera dentro un barril y, cuando alguien levantaba dicho barril, salía por debajo un falo erecto de madera. Algunos de sus amigos pintaban o esculpían con el empleo de diversos medios para representar cierto número de sujetos o temas, pero con una preponderancia de imágenes sexuales. Había una vulgar pintura a la cual uno debía ver bajo distintas gradaciones de luz para apreciar el efecto completo. Si uno pasaba junto a la pintura de la luz a la oscuridad de las sombras podían verse dos hombres desnudos en una postura sexual. Los espesos colores del óleo eran matices de marrón y negro, y parecía como si se hubieran utilizado excremento humano para pintar las figuras.

Durante una visita a Montreal, cuando yo tenía 16 años de edad, él me vistió con una pantaleta especial de Bloomies color lila y morado, la cual había comprado para mí en uno de sus viajes a Nueva York, y con unos pantaloncillos cortos, blancos, brillantes y transparentes con aberturas a los lados. Nos separamos durante un rato mientras él acudía a alguna cita, después de instruirme que más tarde volviera a pie al hotel Ritz, donde me encontraría con él para cenar. En unos cuanto minutos, un muchacho en bicicleta ya había intentado manosearme y un viejo excéntrico, quien me tocó el trasero, me había confundido con una prostituta. Al bajar la vista para mirar mi aspecto me di cuenta, con vergonzosa sorpresa, de que papá me había manipulado y usado por completo. Él me había inducido a lucir como una prostituta pues creía que yo era demasiado rígida acerca del sexo.

Cuando yo tenía ocho años de edad, mamá y papá decidieron que yo ya era lo bastante grande como para tener mi propia recámara. Papá pintó las paredes de un brillante color lavanda que transformó maravillosamente todo el ambiente de la habitación. Hasta entonces, yo había compartido el dormitorio del medio con mis hermanos. Me extasiaba la idea de por fin contar con un poco de privacidad por primera vez en mi vida. Papá me trajo una lámpara esférica para crear ambiente que reflejaba un matiz multicolor en las paredes por las noches; uno de sus amigos, quien estaba por mudarse, nos dio algunas cómodas y otros muebles accesorios que mis hermanos y yo compartimos. Para mi primer invierno en mi propio refugio, yo decoré las dos hojas de mi ventana con una lata de nieve en aerosol. Mamá no se impresionó.

En ocasiones, alguno de los novios de papá venía de visita y ayudaba en la decoración de la casa. Cierto fin de semana en particular, tapices con anchas barras color negro y dorado cubrieron las paredes de la escalera y el corredor. No me gustaba, pero eso no importaba. Muy pronto, la impresión de una cacería de zorros en un vulgar marco dorado fue colocado en la sala de estar, sobre el escritorio de caoba donde yo hacía mis tareas escolares. Papá visitaba las tiendas de antigüedades en busca de artículos con acentos de plata y bronce, y otros cachivaches varios de viejos graneros y tiendas de segunda mano en el campo. Comenzaron a aparecer espejos en lugares estratégicos y dos mesas de falso mármol con lámparas de ornato ocuparon su sitio en nuestra sala. Parecía lo que puede verse en el vestíbulo de un hotel barato, aunque pretencioso.

Ese otoño también adquirimos nuestro primer televisor blanco y negro. Cuando mis padres y el novio del día de papá salían, mis hermanos y yo nos sentábamos muy juntos a mirar televisión mientras comíamos palomitas de maíz con sal y mantequilla. Se nos ordenaba no subir las escaleras, no encender ninguna luz, no contestar el teléfono y no abrir la puerta a nadie. Ésta era otra precaución que nuestros negligentes padres tomaban para que los entrometidos vecinos no supieran que nos quedábamos solos y sin supervisión.

En ocasiones, papá me obligaba a mirar programas de televisión de naturaleza violenta y sexual. Papá se sentaba conmigo en el recién renovado salón recreativo e insistía en que yo viera una película acerca de Jack El Destripador, quien asesinaba prostitutas y luego las desmembraba con un cuchillo. Posteriormente, me hizo ver una película sobre el Estrangulador de Boston. Me perturbaron mucho ambas películas, pero no podía hablar con él al respecto. Él se reservaba el derecho de destruir límites e imponía su voluntad a la mía.

Pronto, papá aceptó otro empleo para una organización de venta al menudeo con base en Estados Unidos de América que apenas había llegado al mercado canadiense. Reclutó operadores potenciales de franquicias para esta cadena durante algunos años y luego se cambió a una exitosa compañía de reclutamiento durante un corto periodo. Él era muy ansioso y ambicioso, y no se detenía ante nada para llegar hasta la cima en su campo. Lo anterior pareció mejorar un poco nuestra situación financiera y él compró un Chrysler New Yorker; sin embargo, la mayoría de sus nuevos caprichos no los compartió con la familia.

Una vez que Scott comenzó a asistir a la escuela, mamá consiguió un empleo fuera de casa para una agencia provincial del gobierno que ofrecía convenientes beneficios para el cuidado de la salud y dentales. Además de asistir a la escuela, Thomas y yo limpiábamos la casa: sacudíamos, aspirábamos y organizábamos. También, cuidábamos a Scott, a quien llevábamos y recogíamos de la escuela todos los días. Yo lavaba los baños una vez por semana y, por lo regular, preparaba la cena entre semana. Mi repertorio culinario incluía pollo horneado y papas, alimentos preparados Hamburger Helper con carne molida y zanahorias o ejotes cocidos. Después, lavábamos los trastes y las cacerolas para luego dejarlas secar en el mostrador. Cortábamos el césped los fines de semana y, asimismo, teníamos nuestro empleo de venta de productos de papel y de limpieza de casa en casa.

A pesar de que los niños nos hacíamos cargo de la mayor parte de las tareas domésticas, mamá se sentía abrumada por su reingreso a la fuerza laboral y, de hecho, en cierto momento, amenazó con enviarnos a un orfanato si nos portábamos mal. Sin importar lo perfecta que yo intentara ser, siempre cometía errores que causaban que ella me golpeara o me gritara. Peor que los castigos de rápida administración era la agonía de tener que esperar una golpiza. En una ocasión, cuando yo tenía nueve años de edad, se nos ordenó desnudarnos y esperar nuestro castigo en el sótano, parados uno junto al otro frente a los escalones. Se nos había instruido no caminar en el jardín, pues había sido recién fertilizado y papá se ponía furioso si veía huellas en el césped. A pesar de que nos administraban castigos corporales dos o tres veces por semana, éste fue sobresaliente. Mientras esperábamos con absoluta humillación, desnudos, helados y estremecidos, mamá bajó los escalones y nos saludó con una risa burlona. Tuve que inclinarme sobre una pequeña mesa mientras ella me azotaba quince veces con la delgada vara. Conté cada golpe para apartar mi mente del humillante dolor. Estaba tan adolorida y contrariada que lloré muy fuerte y dije a mamá que la odiaba. Esto me hizo acreedora a otro golpe de inmediato. No pude dormir de espaldas o sentarme en una silla durante varios días sin que el dolor recorriera mi cuerpo entero a causa de las contusiones y los verdugones.

Los golpes continuaron con regularidad hasta que cumplí catorce años de edad. En ocasiones, ella me golpeaba y luego me ordenaba efectuar alguna tarea doméstica degradante, como lavar todos los inodoros. La última vez que mamá estuvo a punto de golpearme, algo en mi interior se disparó. Sin premeditación, me volví hacia ella y la pateé con fuerza y precisión entre las piernas. Le advertí que nunca más me pusiera una mano encima. No volvió a hacerlo. Odié hacer esto, pero sentí que tenía que protegerme.

Pese a que mamá por fin se retiró del departamento de disciplina tras mi contraataque, papá se volvió cada vez más invasivo y extraño. Una soleada tarde de domingo, él subió las escaleras y me llamó. Había cierto brillo en sus ojos, como si tuviera una especie de juego o plan para conmigo. Dudosa, avancé y me situé a su lado. Él me jaló hacia sí para darme un abrazo al estilo Rhett Butler y me besó en la boca. Su lengua llegó hasta el fondo de mi garganta. Un par de años después, él acarició mis pechos al pasar junto a mí en el corredor. Cuando grité: "¡Papá, no hagas eso!", él sólo sonrió y se alejó. Mamá nos escuchó, pero no pensó nada al respecto. Más tarde, me comentó que en ese momento creyó que yo exageraba. En otra ocasión, papá sujetó y apretó mis pechos y comentó: "Pensé que no traías sostén".

Todo lo que yo quería era afecto paternal, como un simple beso en la mejilla o un tranquilizante abrazo. Si él alguna vez me brindó ese tipo de apropiada atención, no lo recuerdo. En lugar de ello, todo el afecto, si el afecto era lo que motivaba ese tipo de asaltos, estaba sexualizado y me dejaba un sentimiento de humillación, de suciedad y, de algún modo, de vergüenza.

Más siniestra aún fue su apabullante crueldad contra dos gatos del vecindario. Estos jóvenes gatos caminaban de un lado a otro de nuestra cerca y bajaban a nuestro jardín trasero, exactamente al lado del patio y nuestra puerta trasera. Esto significaba una molestia para papá, quien odiaba el olor de los orines de gato. Él había pedido a los vecinos que mantuvieran a sus gatos fuera de nuestro jardín, pero, ¿qué podían hacer ellos? ¿Amarrarlos? Un mordaz día de finales de primavera, papá llegó a su límite, sujetó a ambos gatos y me ordenó ir con él al salón recreativo. Obediente, aunque temerosa, lo seguí escaleras abajo mientras él gritaba a mamá que le llevara su frasco de insulina y una jeringa. Él le preguntó su dosis diaria y luego calculó la cantidad fatal para los gatos, según su peso. Yo estaba demasiado aterrorizada como para moverme cuando él me ordenó permanecer allí y mirar. Sacó la jeringa llena de insulina, inyectó a cada gato en la pata trasera y luego observó a la espera de cualquier reacción. Esperamos mientras los minutos pasaban. Uno de los gatos comenzó a chillar y a correr por toda la habitación, y papá lo sujetó y lo inyectó de nuevo para hacerlo callar. El otro gato sólo se movió con torpeza y por fin quedó quieto. Mi respiración era tan superficial que me sentí mareada, aunque yo no quería que papá supiera lo horrorizada que estaba. El olor de la insulina llenó la habitación.

Papá pidió una bolsa verde para basura donde desechar a los gatos y luego los arrojó en el depósito de metal, afuera de la puerta trasera. ¿Cómo pudo hacer una cosa así? Desde luego, él creció en una granja donde se aplicaba la eutanasia a los animales cuando enfermaban y donde matarlos para comer era rutinario. Sin embargo, seguro que él se percató de que esto era distinto. Se suponía que aquella sería la solución del problema de los gatos, mas éstos todavía no estaban muertos. A la mañana siguiente, aún podíamos escucharlos maullar. Papá no esperaba que ningún ser vivo continuara con vida después de haberle inyectado tanta insulina. Quizá un poco alterado por toda la operación, él ordenó a mamá que llevara la bolsa, la cual se retorcía y maullaba, a otro vecindario donde aquel día se recogería la basura. Me ordenaron acompañarla a cumplir esta atroz asignación y me instruyeron no hablar al respecto con nadie o me ocurriría todo tipo de cosas horribles.

El creciente descaro de papá como homosexual era notable en esa época. En parte, se debía a que ahora ganaba buen dinero y no había nadie alrededor a quien sintiera que tuviera que explicarle cómo conducía su vida; sin embargo, también era porque una nueva permisividad se filtraba en la sociedad. A pesar de que las series televisivas, las obras de teatro, las estrellas pop y los canales de televisión abiertamente homosexuales las 24 horas del día aún se encontraban a algunas décadas de distancia, el principio de los años setenta fue el periodo cuando los temas homosexuales principiaron a aparecer en la corriente cultural principal.

Recuerdo que papá revisó con toda atención los anuncios en la sección de cine del *Toronto Star* en busca de la película satírica de Gore Vidal acerca de la operación de cambio de sexo, *Myra Breckinridge*. Quedé paralizada cuando miré, por encima de su hombro, la fotografía de Mae West que aparecía en el anuncio. Entonces de casi 80 años de edad, ese acorazado de abultada proa con entrecerrados ojos que llegaba a las costas de su muelle final, aún musitaba sus características frases de doble sentido y sus chistes obscenos.

A un nivel más local, papá era gran admirador del imitador femenino Craig Russell, cuyo repertorio de personajes era una selección del tipo de mujeres rudas y con sobrepeso que consumían esteroides y que hablaban al alma del hombre homosexual. Ataviado con pelucas, maquillaje y elaborados disfraces, Russell logró el extraño trabajo de asumir la personalidad de actrices y cantantes como Judy Garland, Carol Channing, Bette Davies, Mae West, Barbra Streisand, Tallulah Bankhead, Marlene Dietrich y Peggy Lee. Él presentó sus imitaciones por todo el territorio de Estados Unidos de América y Europa. Tan notable como el rango de sus imitaciones, la voz de tres octavas de Russell le permitía imitar a Barbra Streisand de manera impecable y en su propio tono. En 1990, Craig Russell murió de una embolia causada por el sida a los 42 años de edad.

También en aquellos tiempos, papá me llevó a una cruzada de sanación de Kathryn Kuhlman en el Centro O'Keefe en Toronto. Todos los presentes estábamos de pie en la sala y nos inclinábamos contra una pared del auditorio para intentar ver el inquietante espectáculo de esta mujer, ataviada con un vaporoso vestido y con voz hiperventilada, quien ordenaba a los espíritus satánicos que salieran de sus súbditos. ¿Por qué quiso papá que yo la viera? Él nunca abandonó por completo el cristianismo de su juventud. Una mañana, yo le formulé una pregunta moral acerca del cielo y el infierno; él colocó una Biblia negra y forrada de piel en mis manos y me dijo: "Aquí es donde hallarás la verdad". Incluso si aquello fue el legalismo remanente de su juventud, ¿cómo es que su continuo respeto por la fe cristiana concordaba con la terrible y pecaminosa vida que llevaba? Parte de ello tenía que ver con "haz lo que digo, no lo que hago". Incluso a pesar de que papá apenas podía mantenerse con los pantalones puestos, yo no tenía permitido utilizar más prendas que no fueran vestidos o faldas, hasta que mi profesor de gimnasia de quinto grado envió una nota a casa donde decía que los pantalones deportivos eran obligatorios. Yo no podía comprender por qué papá podía hacer todas las cosas sexuales que hacía y yo no tenía permiso de bailar o de usar maquillaje. Cierta música tampoco estaba permitida en casa, debido a su ritmo de rock o a las letras; no obstante, papá escuchaba cualquier tipo de música diabólica de rebelión que quisiera. Aunque resultaba evidente que el cristianismo aún ejercía influencia sobre mi padre, la iglesia a la cual pertenecía en forma más completa era la iglesia del erotismo fálico. Sin importar sus intermitentes intentos por adherirse a un credo cristiano, él estaba más cautivado por los tipos de conductas sexuales que glorificaban a ese pequeño y lascivo dios. Al mirar a esa vulgar evangelista aquel domingo, no pude evitar sospechar que parte del encanto que Kuhlman ejercía sobre mi padre era la grotesca parodia de feminidad que ella representaba. Con unos cuantos minutos de gesticulaciones frente al espejo, estoy segura de que Craig Russell hubiera podido agregar a Kuhlman a su magnífico reparto de damas descaradas.

Me tomó mucho tiempo comprender por qué nunca pude ser la niña de los ojos de mi padre. Pese a ello, siempre había hombres invertidos y mujeres pomposas que hacían mejor el trabajo de realizar los distorsionados ideales femeninos de mi padre de lo que yo jamás podría lograr; ellos eran más grandes, sofisticados y perfectos. Yo me sentía pequeña en comparación con esos dotados hombres y mujeres masculinas que exhibían todas las características deseables que atraían a mi padre en una mujer y quienes, además, eran sorprendentemente famosos, ricos y bellos.

Errática provisión

Steve tenía una pequeña cabaña en St. Catharines que pertenecía a su madre, adonde nos invito a todos a hospedarnos. Yo dormí sola en una habitación para visitas la primera noche y me dolían mucho los pechos. Inicié las primeras etapas de la pubertad a los nueve años de edad, lo cual me hacía cada vez más consciente de mi cuerpo. Asimismo, comenzaba a comprender, de un modo que no puedo explicar, lo que significaba para todos nosotros (para mí, mis hermanos y mi madre) el hecho de que mi papá prefiriera tener relaciones sexuales con otros hombres.

Había un porche oculto detrás de la cabaña con una cama doble. Thomas y yo nos fuimos a dormir allí cierta noche, durante una tormenta eléctrica. Yo disfruté mucho la fuerte y fría brisa antes de la tormenta, el sonido del agua en movimiento allá abajo, que golpeaba la playa erosionada, y las oscuras nubes que envolvían la luz de la luna. Papá había salido con Steve, de manera que mamá, mis hermanos y yo estuvimos solos durante la tormenta.

Mamá iba siempre a todos los viajes, incluso a ése, a solicitud de papá, a pesar de que sus novios estuvieran presentes. Ella no se quejaba de que él disfrutara la vida nocturna hasta tan tarde con Steve; sin embargo, yo sabía que ella se sentía herida, humillada y desesperadamente enredada en esa relación con aquel desertor de esposo y de padre. Aun cuando su templanza no era mucha y que estaba demasiado distraída como para prestar atención a sus hijos, su constante silencio era ominoso.

La mañana posterior a la tormenta, papá se presentó alegre y sonriente con Steve tras haber estado fuera toda la noche. Nos apretamos en el largo Chrysler gris plateado para dirigirnos a un campo de mini golf. Fue cuando tomé un palo de golf por primera vez y mis manos temblaban mientras yo intentaba seguir las instrucciones de papá. Algunos de mis tiros volaron entre rebotes, pero, otros, de alguna forma, llegaron al hoyo. Obtuve suficientes puntos y, de hecho, me gané un juego gratis. Jugué la segunda ronda y al inicio esperaba ganarme un tercer juego, mas pronto mi interés se esfumó junto con mi desempeño.

Una mañana, la madre de Steve se presentó inesperadamente y nos halló en la cabaña mientras yo permanecía de rodillas en el acto de tallar el piso en la cocina. Ella nos gritó que nos marcháramos de allí, lo cual no era lo que yo esperaba. Allí estaba yo, ocupada en limpiar la cabaña, tal como mamá me había ordenado, y ella no apreciaba mi trabajo. Fue vergonzoso, aunque, después de unos minutos, ella reapareció y dijo que podíamos quedarnos. Estaba enojada con su hijo por no haberle avisado que estaríamos allí, pero reconoció que su rudeza contra nosotros había sido terrible e injusta. A pesar de ser probable que ella supiera lo que sucedía entre Steve y papá, sospecho que perdió el control cuando se percató de que una esposa y unos hijos también recibían las consecuencias de todo aquello. Para compensarnos por lo anterior, ella nos invitó a mamá y a mí a una fiesta en el jardín del Country Club esa tarde.

Cuando volvimos a casa de la cabaña, papá quiso que tuviéramos un poco de color en nuestra blanca piel noreuropea y nos ordenó a mamá y a mí que nos bronceáramos, así que comenzamos a tomar el sol en la parte trasera de la casa, en el patio de adoquines rosados junto al diminuto jardín. Nos aplicamos una crema especial que oscurecía el bronceado más pronto. Yo no podía creer que, con sólo recostarme de espaldas y absorber deliciosamente los rayos solares, podía complacer a mi exigente padre. Lo cierto es que pude relajarme durante algunos días ese verano.

Como proveedores, mis padres eran, por decir lo menos, erráticos. No hicieron planes para nuestra educación posterior a la secundaria, aunque Thomas y yo fuimos inscritos a clubes de niños exploradores. Mamá nos llevó a programas especiales, como Ice Capades, el circo, conciertos de orquesta y obras teatrales infantiles; además, Thomas y yo recibíamos clases de piano. También, asistimos a la representación de *Madame Butterfly* con la escuela. En ocasiones, papá nos llevaba a los desfiles de Santa Claus en Toronto. Tiempo después, al inicio de mi adolescencia, él mencionó como en broma la hora y el lugar del primer Desfile del orgullo homosexual, pero luego nos advirtió que no asistiéramos. Entonces, por supuesto, fuimos a verlo y nos paramos en la acera opuesta de un exclusivo bar homosexual: St. Charles Tavern. Mientras buscábamos a papá y creíamos que nos ocultaba algunos detalles valiosos, vimos contonearse a varios *drag queens*[3] a lo largo de la calle Yonge.

A pesar de que mis padres se ocuparan de que yo utilizara anteojos y frenos para mis dientes, no prodigaron una atención similar a Scott. Nadie supervisaba su higiene y, cuando por fin lo llevaron al dentista, sus dientes estaban llenos de caries. Yo no siempre tuve un abrigo de invierno, de manera que, por lo regular, vestía una camiseta, una blusa y un suéter con un abrigo de primavera encima durante los meses invernales. A veces, lo corto de mis faldas era indecente. Me avergonzaba no tener ropa agradable para llevar a la escuela y los niños abusivos me rodeaban y jalaban mis prendas para exhibir mi ropa interior. Me abofeteaban, me arrojaban al suelo y me jalaban el cabello. Yo casi nunca me resistía ya que la situación sólo empeoraba cuando intentaba

---

[3] *Drag queen*: hombres, no necesariamente homosexuales, que se visten de mujeres con atavíos extravagantes para fines artísticos o de entretenimiento. (N. del T.)

defenderme. En realidad, el director y los profesores nunca me protegieron, hasta cierto día cuando cursaba quinto grado.

Aquel día, alrededor de diez niños formaron un círculo alrededor mío para abofetearme y golpearme mientras sostenían mi vestido por encima de mi cabeza. Los niños decían: "Bájenle los calzones". En medio de esta humillación, un muchacho de trece años de edad dio un paso al frente y les ordenó detenerse, lo cual causó que los demás se dispersaran. Su nombre era Peter. Tenía cabello rubio y rizado, piel fina y ojos azules. Yo me sentí agradecida de que alguien me considerara lo bastante valiosa como para defenderme de aquella pandilla de abusadores.

Un día de invierno, ese mismo año, miré hacia la calle, por encima de la cerca de hierro negro de la escuela, y vi que un hombre danzaba de arriba abajo con los pantalones hasta las rodillas. Me sentí tan asustada que necesité algunos minutos para ir a buscar a alguien con quien hablar. Se lo dije a una amiga, quien cursaba el siguiente grado y juntas fuimos a la oficina del director. No pude identificar al hombre, pero, hasta entonces, fui capaz de reportar las horribles experiencias que había soportado en el patio escolar durante el recreo y luego de las clases. Identifiqué a cada uno de los culpables con el director al tiempo que miraba fotografías de los diferentes grupos. Después, llamaron a esos niños a su oficina y recibieron una reprimenda. Yo temía que me golpearan para vengarse; no obstante el director me aseguró que eso no ocurriría y así fue. Nunca más volvió a acontecerme algo tan grave.

A partir de ese día de invierno, Peter me acompañaba con frecuencia a casa, junto con sus hermanas menores, para que yo me sintiera segura. No hablaba mucho. No era un sujeto muy expresivo y creo que no obtuvo grandes logros en la escuela. Tenía demasiadas responsabilidades para un joven de trece años de edad. En alguna ocasión, tras caminar sobre las vías del tren y tomar algunos atajos, pasé por su casa y me asomé al interior, sólo para hallarla desaseada y con poco mobiliario. A menudo, su madre estaba en un estupor alcohólico y dejaba que Peter se hiciera cargo de sus hermanas menores. Como es obvio, no había un padre en la escena. Era maravilloso pensar que una persona con antecedentes tan deplorables hubiera desarrollado un sentido de justicia y equidad tan firme que lo impulsara a defender a alguien a quien apenas conocía. El siguiente septiembre esperé ver a sus hermanas o a él en el patio escolar, ya que no nos frecuentamos durante el verano; sin embargo, nunca más volví a verlo.

Apenas había cumplido diez años de edad. Cierta noche, papá llegó a casa del trabajo y anunció que partiríamos de inmediato a Florida en el automóvil. No contábamos con equipaje apropiado, por lo que empacamos ropa en bolsas de basura y las arrojamos a la cajuela. Steve se sentó en el asiento delantero entre papá, quien conducía, y mamá. Asumí que se había sentado allí para compartir los deberes de manejo. El interior del Chrysler New Yorker era largo y espacioso, así que mis hermanos y yo, y nuestro nuevo perro chihuahua, Skipper, podíamos dormir con nuestras almohadas en el asiento posterior o en la alfombra, detrás de los asientos frontales. Estábamos emocionados y hacíamos mucho ruido, aunque al rato conciliamos el sueño mientras el automóvil avanzaba a través de la oscura noche estadounidense. Nos deteníamos de cuando en cuando para cargar gasolina o para comprar bocadillos.

Nos paramos en el Holiday Inn para el desayuno, en McDonald's para el almuerzo y en Kentucky Fried Chicken para la cena. Cuando pasamos por Kentucky, me fascinó la belleza de las verdes colinas y los serpenteantes caminos. Así como yo admiraba el paisaje, papá tenía ojo para los accesorios de moda. Cuando nos acercamos a una gasolinera, papá gritó: "¡Miren las botas vaqueras de ese sujeto!" Se sintió especialmente atraído por las brillantes espuelas de bronce sujetas en la parte de atrás. Papá estacionó allí el automóvil y nosotros salimos a tumbos para comprar algunas golosinas y refrescos para el siguiente tramo del viaje. Thomas tenía la instrucción de atar la larga y elástica correa a la puerta trasera del lado del conductor para que Skipper pudiera tomar un poco de aire fresco y efectuara una patética imitación de ejercicio.

Tras llenar el tanque de gasolina, todos volvimos a abordar el automóvil y ya avanzábamos por la rampa de grava cuando escuchamos frenéticos aullidos de tono agudo desde atrás. Nos volvimos y vimos que Skipper volaba de arriba abajo detrás del vehículo y golpeaba la grava una y otra vez. Papá instruyó a Steve que disminuyera la velocidad de manera gradual para que Skipper no rodara debajo de las llantas del automóvil al detenerse. Steve redujo la velocidad y, en segundos, hizo alto total. Skipper yacía de lado. Sus garras, pecho y patas traseras estaban raspadas y sangraban; también, parecía respirar con dificultad. Con suavidad, papá lo levantó, lo envolvió en una toalla y lo colocó en el regazo de mi madre mientras nos alejábamos en busca de un hospital para animales.

Encontramos abierto un consultorio veterinario campestre y Skipper fue conducido de inmediato al interior, donde evaluaron su condición. Papá estaba muy pálido y recorría el pasillo de ida y vuelta hasta que el médico insistió en que estaba en choque y debía sentarse de inmediato. Dudoso, papá obedeció y se tomó el medicamento que le ofrecieron para calmarse. Cuando pudimos ver a Skipper, lo habían vendado por completo, como una momia de cuatro patas, y estaba sedado con analgésicos. Me pregunté si sobreviviría, pero nos aseguraron que superaría lo que con toda facilidad pudo ser su fin.

Cuando llegamos a Florida, observamos un enorme letrero de bienvenida que cruzaba la autopista de un lado al otro. Para marcar nuestra llegada al paraíso, de inmediato nos detuvimos en un naranjal y cada uno comimos una naranja verdadera. Era jugosa, dulce y fresca, nada parecida a las del supermercado en Canadá. Más tarde, partimos al motel donde nos hospedaríamos durante la semana. Se trataba de una estrecha habitación rectangular con una pequeña cocina en un rincón, la cual se volvía cada vez más caliente a medida que el aire se estancaba. Las inadecuadas hojas de vidrio colgaban en sentido horizontal y podían abrirse hacia fuera para dejar entrar un poco de aire fresco. Mientras papá callejeaba y se divertía con Steve, Thomas se descalabró cuando jugaba en el exterior y mamá tuvo que llevarlo en taxi al hospital más cercano. Cuando papá regresó, se puso furioso y gritó que Thomas era culpable por haberse lastimado.

En la habitación contigua, se hospedaban algunos chicos de Ohio. Jugaban con mis hermanos y conmigo todo el tiempo y, de no ser por ellos, no nos hubiéramos divertido mucho. Papá salió casi todas las noches a distraerse con Steve, mientras mamá y los niños nos quedábamos en el motel o en las cercanías. No se trataba de las clásicas vacaciones familiares. Mamá y yo no nos sentíamos muy contentas con este acuerdo. En primer lugar, no contábamos con un vehículo cuando papá y Steve se marchaban, por lo que, casi siempre, debíamos pasar el tiempo cerca del motel, preparar comidas y limpiar después. Papá regresaba con Steve, quien nos recompensaba con barras de chocolate si habíamos cumplido con todas nuestras tareas domésticas. Visitamos Disneylandia en Orlando un día y, Cypress Gardens, otro. El resto del tiempo fue de vacaciones estrictas para papá y Steve, y los demás no fuimos otra cosa que pestes proclives a los accidentes que los acompañaron en el paseo.

Ahora, papá ganaba lo suficiente como para poner la vista en los vecindarios más elegantes de Toronto, como Rosedale y Forest Hill. Se había convertido en un exitoso reclutador de ejecutivos para una importante empresa y administraba una franquicia de operación de reclutamiento en el viejo distrito comercial de la calle King. Además, era propietario de acciones en otras ramas de la firma, las cuales astutamente se llevó cuando el presidente anterior cayó enfermo. Como contraste a toda la extravagancia e intrepidez de su vida personal, papá era un hombre de negocios absolutamente conservador: le desagradaban los hombres homosexuales que eran extrovertidos o que mostraban características femeninas y no había un solo detalle de ese tipo en su desempeño profesional.

Por fin, nos mudamos a un vecindario judío en Forest Hill, donde contamos con un patio y un jardín mucho más grandes, como nunca antes habíamos tenido. Poco después de la mudanza, papá me construyó una casita del árbol. A mis hermanos y a mí nos enviaron a un campamento de la iglesia durante una semana, mientras mis padres y Steve redecoraban la cocina, tapizaban, alfombraban y pintaban los estantes de blanco con ribetes negros. Coloridas vainas de maíz indio, cortinas de lino color marfil e impresiones de Norman Rockwell adornaban las paredes de la cocina. La pintura de Rockwell de una familia de rubicundos y alegres rostros, reunida alrededor de una mesa para el festín del Día de Acción de Gracias, representaba el ideal que nadie en nuestra familia había conocido jamás. No era sólo que casi nunca nos sentábamos juntos para comer, sino que, la mayoría de las noches de la semana ni siquiera dormíamos bajo el mismo techo.

Nuestro nuevo hogar se ubicaba más cerca de la segunda residencia de papá, la cual compartía con Steve y muchos otros amantes durante el último par de años. Aunque ese apartamento se localizaba como a diez cuadras de distancia de la casa, se nos ordenó que nunca fuéramos allá. Cierto día, Thomas, angustiado por alguna preocupación, no hizo caso de la prohibición y fue a buscar a su papá. En un estado de gran molestia, papá abrió la puerta, vio de quién se trataba y, sin decir palabra, volvió a cerrarla, como si Thomas sólo fuera un impertinente vendedor de casa en casa. Tras rodear la casa y asomarse a la ventana de un dormitorio, Thomas vio que papá practicaba sexo grupal con alrededor de una docena de hombres. En ocasiones, lo habíamos escuchado hablar por teléfono acerca de esas citas, pero presenciar una fue aún más inquietante. Thomas luchó contra el trauma de lo que había visto durante mucho tiempo; solía mirar la pornografía homosexual de papá, pese a que las imágenes le causaban repulsión y se preguntaba por qué nuestro padre besaba a otros hombres, incluso a extraños, pero nunca expresaba afecto a su propio hijo.

Con todo y que teníamos prohibido visitar el hogar de papá, él llegaba al nuestro siempre que le apetecía: de manera errática a lo largo de la semana y con más frecuencia en sábado o domingo, cuando arreglaba algunas cosas o cuidaba el jardín y esperaba que su esposa e hijos estuvieran allí.

Casi siempre, yo cuidaba niños por un dólar o dos la hora los viernes y sábados por la noche y no llegaba a casa sino hasta después de las dos de la mañana; sin embargo, papá me despertaba a las siete cuando abría las cortinas de mi habitación y decía: "Levántate. Hay trabajo por hacer. No puedes sólo dormir allí todo el día como una vaca perezosa". Papá me pedía llevarle el té de la tarde al patio trasero, en nuestra vajilla diaria de color blanco o, a veces, con todo el servicio de té de plata. Siempre quería bocadillos, como papas fritas y aderezos, ruibarbo crudo con sal o, más tarde, vegetales frescos y aderezo. A continuación, tenía que ayudar a preparar la cena, la cual, por lo común, consistía en papas horneadas con pollo o filete asado, elotes cocidos y tomates maduros recién cosechados del jardín trasero. Luego de ir de compras con mamá por la mañana, bien podía continuar con mis quehaceres hasta la noche pues lavaba los trastes y los utensilios para el asado. Pronto aprendí a evitar lo anterior: me alejaba durante los fines de semana cuando él estaba en casa. Cuando crecí un poco más, en ocasiones intentaba no llegar a casa para nada, excepto ya muy tarde en la noche, cuando él ya estuviera fuera con sus amigos.

Papá no sabía y quizá no le hubiera importado que mamá tampoco llegaba a dormir algunas noches. En aquella época, ya quedaba muy poco de la relación entre mis padres. No habían vuelto a tener relaciones sexuales desde que nació Scott. Una noche, papá comentó conmigo que en realidad mamá no le agradaba y que deseaba nunca haberse casado con ella. Me confesó que se sentía más cómodo entre hombres. Pese a que no dio nombre a su situación, yo comprendí lo que quiso decir. Intenté expresar cierta compasión por él, mas no lo conseguí. Consideré su condición como un acto de traición que había destruido cualquier posibilidad de felicidad para todos en nuestra familia. En aquellas noches cuando llegaba a casa, papá dormía en la habitación del ático que mandó construir el primer otoño después de nuestra mudanza.

Por su parte, mamá se perdía cada vez más en su propio mundo; un desesperado mundo de bailes de salón, cirugías faciales estéticas e improbables sueños de convertirse en modelo. Creo que las cirugías faciales fueron otra forma de sumisión a la necesidad de papá de rodearse de juventud y belleza para atraer a sus amantes. La necesidad de mamá de afecto superficial se satisfacía cuando los bailarines masculinos en el estudio de danza la abrazaban durante los valses y murmuraban tonterías bonitas en sus oídos, lo cual la hacía sentir hermosa. Por lo general, salía con sus amigas y, más adelante, empleó un costoso servicio de citas.

Para nuestras siguientes vacaciones familiares infernales, papá nos llevó a las Cataratas del Niágara, donde se reunió con otro de sus amantes. En un paseo vespertino a la parte superior de las cataratas, papá, vestido con pantalones cortos de mezclilla deshilachados en los bordes y una camisa alrededor del cuello, se encontraba en otro de sus brotes de conducta indomable e intrépida. "La catarata Horseshoe nos queda al otro lado del río", comentó. Cruzó la rápida corriente de un lado al otro y anudó una soga al tronco de un pequeño árbol como línea de seguridad, a la cual debíamos sujetarnos mientras cruzábamos tras él. Insistió en que todos debíamos seguirlo. El agua tiraba de mis piernas y, de no ser por la soga, yo hubiera perdido el equilibrio y la fuerte corriente me hubiera arrastrado. En especial, me preocupaba Scott, quien no pesaba tanto como el resto de nosotros. Por fin, logramos cruzar, no sin provocar muchas expresiones de disgusto de un público compuesto por mujeres en la orilla opuesta, quienes miraban con espanto a mi padre por arriesgar tanto a sus hijos y a nuestra madre.

Más tarde, papá y yo descendimos solos hasta el borde de un precipicio con una abrupta caída. Había una larga área rocosa que estaba a un metro y medio desde donde nos situábamos. Él saltó primero y luego estiró el brazo hacia mí para ayudarme a saltar y reunirme con él. Yo dudé. Ése fue otro de los momentos "¿Vendrías conmigo al final del muelle?", cuando yo me percataba de que, fundamentalmente, yo no confiaba en ese hombre. "¿Por qué tengo que ir allí? —pregunté—. Sólo quiero quedarme donde estoy." Él me llamó cobarde y me tendió la mano. Le dije que tenía miedo, pero él continuó presionándome. Contra mi mejor juicio, casi en un ánimo obstinado, yo salté el obstáculo. Sujeta de su mano, temí durante un segundo que mi peso nos arrastrara a ambos, mas él jaló mi despatarrado cuerpo hacia la roca. ¿Y para qué? El escenario no era mejor que del otro lado. Me quedé allí al lado de mi padre durante un momento y, tras pensar que mi frágil valor se desvanecería si esperaba demasiado, expresé: "Quiero regresar". Él saltó primero y extendió su mano para ayudarme a volver a la tierra con césped junto al precipicio. Nunca comprendí por qué hizo eso o cuáles fueron sus motivaciones, aunque recordé una nueva póliza familiar de seguros sobre la cual fanfarroneó antes del viaje. Resulta difícil no sospechar que cuando menos jugó con la idea de cobrarla.

Mis hermanos y yo intentamos integrarnos con algunos de nuestros vecinos; sin embargo, no logramos gran cosa. Después de algunos veranos, nos percatamos de que nunca seríamos aceptados por completo en ese enclave judío. No se trataba sólo de una diferencia religiosa: también era sociológica. Yo hice algunas amistades casuales de mi edad, pero los mayores nunca nos aceptaron. Los amigos judíos, tanto conservadores como reformistas, tenían padres que estaban muy involucrados en su vida y esperaban educación universitaria y empleos bien pagados en el futuro de sus hijos. Los padres invertían mucho tiempo y recursos en su progenie y se aseguraban de que ésta tuviera el tipo adecuado de ropa y experiencias sociales que les garantizaran brillantes futuros con montones de nietos. Esas mamás y esos papás bien intencionados vivían para sus hijos y los llevaban a sus cabañas y a viajes juntos (sin la compañía de un novio adicional) y no los hacían trabajar todo el tiempo para servirles asados. Comparados con ellos, la ética de mi familia era inexistente.

Los vecinos no judíos más allá de un radio de seis cuadras desde nuestra casa eran un poco más acogedores; no obstante, en general, nuestra estadía en Forest Hill fue una temporada en el exilio.

Mis padres nunca fueron muy sociables ni se mantenían en contacto con un círculo de amigos. Ninguna pareja estable, con o sin hijos, visitó jamás nuestra casa. Mas, a pesar de que tenía muy poco que hacer con nuestros vecinos en términos sociales, papá hizo todo lo que pudo para aumentar el valor de la propiedad. Comenzó a venir a la casa con más frecuencia durante los fines de semana y se interesó en la decoración del lugar: trajo plantas, antigüedades y artículos con detalles en bronce y plata. Se instaló una alfombra color naranja en las áreas de la sala de estar y el comedor, junto con costosos muebles de caoba. Se colgaron espejos con recargados marcos de hojas doradas en las paredes y en ambos extremos de la escalera. Papá trajo a un amigo que pintó el baño principal de un brillante color azul oscuro. También barnizó el piso del pasillo y las escaleras, reinstaló todo el cableado y mandó hacer nuevas puertas para los armarios. Repintaron el salón recreativo color marrón oscuro y persianas decoradas de madera sustituyeron a las cortinas. Papá mantenía el gabinete esquinero del comedor bien abastecido de licores con las marcas más nuevas y mi hermano menor empezó a beber a escondidas y en pequeñas cantidades. Cuando Scott tenía alrededor de diez años, lo vi beberse una copa de vodka de un solo trago cuando alguien lo desafió.

Cuando ciertos refugiados negros se mudaron a un edificio subsidiado de apartamentos en el extremo de la calle, a papá le preocupó que disminuyera el valor de los bienes raíces. Después de que los vecinos expresaran preocupaciones similares, los refugiados se marcharon. Con la esperanza de impedir que alguien más se mudara a ese sitio, papá incitó a Scott a romper las ventanas y robar los teléfonos. Lo anterior, sólo impulsó más a Scott hacia el tipo de conducta delictiva que, para entonces, él ya había principiado a experimentar. Robó joyas en las casas de sus amigos y dinero de los guardarropas y se juntaba con la gente equivocada. Su desempeño escolar sufrió de manera severa y no sólo en términos académicos. Scott participó en muchas peleas. No comía bien y, con frecuencia, dormía en los hogares de otras personas. Incluso, a los tres años de edad, Scott escapó de la casa y lo encontraron cuatro horas después en una tienda de donas, sentado con un oficial de policía quien lo sedujo con un chocolate caliente y unas galletas. En realidad, Scott necesitaba una mano paterna que lo guiara desde entonces, pero papá pasaba todavía menos tiempo con Scott que conmigo. No recuerdo nunca haber observado a papá conversar con Scott, excepto cuando le ladraba que limpiara su habitación.

Luego de años de estricto control, ahora mis distraídos padres se retiraban casi por completo de la tarea de la paternidad. A pesar de que recibí con agrado la eliminación del embargo contra la compra de discos, en todos los demás aspectos sentí que me habían dejado a la deriva. En términos sociales, me dejaron sola para que me defendiera por mis propios medios. La hora de ir a dormir y la hora de llegar a casa se convirtieron en cosas del pasado los fines de semana y quedé libre para ir y venir a mi antojo. El único problema era que yo no tenía idea de cuál sería el tipo de interacción con mis amigos que podría complacerme.

Cuestioné mi identidad sexual y sospeché de todas mis amistades. Al vivir en una situación familiar tan incierta, asumía y soñaba que tendría que tener experiencias sexuales para descubrir cuál era mi identidad. Me sentía incómoda y ambivalente en la compañía de mis amigas y no podía involucrarme en sus charlas simples acerca de chicos, compras, profesores y vacaciones de verano. Yo no parecía vivir en el mismo mundo que esas muchachas, sino sólo en su vecindario. Los únicos momentos en que podía relajarme y ser yo misma era en compañía de algunos muchachos, quienes siempre dejaron claro que su interés en mí era estrictamente platónico. No estreché lazos con chicos o con chicas en mi adolescencia; para mí, todo el mundo era pasajero, nada distinto a las relaciones de mi padre en las subculturas. Por supuesto, con papá no había manera de ganar: si me reunía con muchachas, él me decía marimacho o lesbiana. Si me reunía con jóvenes, él me decía zorra.

A veces, me resultaba más fácil actuar como si fuera promiscua y fingir que me sentía sexualmente cómoda entre los chicos, aunque no era así. La promiscuidad parecía ser lo normal para mí. Era lo que había visto en las películas y lo que mi padre había modelado todo el tiempo, pero no era algo de lo que yo quisiera formar parte. Yo estaba hambrienta de afecto y calidez, quizá unos cuantos abrazos y caricias, pero, en términos sexuales o románticos, no sabía lo que deseaba o si acaso deseaba algo. No ayudó el hecho de que, en aquella época, nuestro médico familiar me instara a ser sexualmente activa con los muchachos tan pronto fuera posible para asegurarnos de que yo no terminara como mi padre. Él no sólo me motivaba a tener relaciones sexuales, sino que me contó que algunas de sus pacientes jóvenes tenían sexo con él en su automóvil. ¿Se suponía que yo debía impresionarme o desear un poco de esa acción para mí? Cuando cumplí 21 años de edad y me operaron la planta del pie para quitarme una verruga, estas manifestaciones se transformaron de sugestivas a abiertas. Mientras cojeaba por allí con mi pie recién operado y me preparaba para partir, él me arrinconó contra el arco de la puerta, colocó sus brazos alrededor de mi cuerpo, me atrajo hacia sí y besó mi frente. "Esto es algo entre un hombre y una mujer", me explicó. Exactamente en ese momento y lugar puse fin a nuestra relación médico-paciente de diez años de duración.

La mañana de mi decimotercer cumpleaños comencé a menstruar. Con dolorosos calambres y un mareo que nunca antes había experimentado, me quedé en casa y no asistí a la escuela. Llamé a mamá al trabajo en busca de un poco de consuelo, pero ella me indicó que me recostara y lo tomara con calma. Después del trabajo, fuimos a pie a un restaurante chino para celebrar mi cumpleaños. Desde luego, papá no estaba a la vista. De camino a casa, compramos un disco de K-Tel que contenía las canciones de rock-pop de moda. En ese momento de mi vida, yo no albergaba ninguna esperanza para el futuro.

No podía imaginar que me casaría y había jurado que nunca tendría hijos. En ocasiones, me sorprendía entretenida con inocentes fantasías acerca de estar con un chico que me amara y me abrazara. En mi fantasía de escape, él y yo vivíamos en un área boscosa, cerca de un estanque, en una casa de árbol sin mobiliario donde no había insectos ni sexo.

Estaba muy convencida de que me gustaban los hombres, o de que me gustarían algún día, mas pensaba que era demasiado fea como para gustarle a alguien de verdad. Incluso siendo talla 8, pensaba que era gorda y tenía una autoimagen muy pobre. Adelgacé aún más a finales de mi adolescencia porque me aterraba tener sobrepeso y casi moría de hambre. Por lo regular, me vestía con varias prendas informes, casi siempre pantalones de mezclilla y alguna de las camisas de mi padre o de mis hermanos enrolladas en las mangas. La tela era suave y flexible y yo, de alguna forma, me sentía protegida en una camisa de hombre. La ropa que uno viste influye en la gente que lo acepta y yo siempre debía tener el control en mis relaciones con los muchachos. De ese modo, nadie se aprovecharía de mí. Prefería las relaciones platónicas y casi todos los muchachos estaban programados para desear más que eso. Yo quería libertad e independencia de cualquier tipo de necesidad emocional. Noté que los hombres no enfrentaban los mismos prejuicios que las mujeres y que no eran tratados como tapetes con tanta frecuencia. Encontraba ventajas en el hecho de ser hombre y, a veces, deseé haber nacido varón; sin embargo, allí estaba yo, con un muy curvilíneo cuerpo femenino al cual cubría como podía y los chicos comenzaron a notarlo y a responder a ello.

Yo estaba sentada en mi casita del árbol cierta tarde cuando un joven un tanto insistente llamado Daniel trepó para visitarme, y casi al instante, deslizó su brazo alrededor de mí. Él era el brillante hijo de un hogar destruido, inteligente y lleno de conocimientos que había adquirido por haber viajado alrededor del mundo. Él sabía cómo funcionaba la electricidad y cómo conectar un equipo de sonido. Y también sabía un poco acerca de mujeres a partir de sus experiencias en Israel en la época de su bar mitzvah. Era un muchacho intrigante, aunque yo no estaba convencida de que me gustara, incluso desde el principio, y cada vez me persuadí más de que no era así a lo largo de algunos meses, durante los cuales nos involucramos en una miserable relación dispareja donde él me presionaba para obtener más, y yo me resistía.

Lo más enervante del desdichado tiempo que pasamos juntos fue que yo daba algunos pasos bajo coerción por algún camino romántico o sexual con Daniel sólo para verme confrontada de improviso por algún nauseabundo recuerdo que implicaba a mi padre. ¿Daniel quería un beso francés? ¡Qué asco! ¿Quién fue la primera persona que me había obligado a recibir un beso así? ¿Daniel quería acariciar mis pechos? Lo mismo. ¿Quería impresionarme al mostrarme sus colecciones de pornografía y artículos sexuales? Sí, eso también lo había vivido. Su único detalle original fue en cuanto a la crueldad contra los animales: Daniel mataba ratones como retorcido deporte, no gatos.

A pesar de que papá mostraba una serena apariencia de confianza, inteligencia, dominio y bienestar financiero al mundo, en realidad era inseguro. De muchas maneras, él parecía estar tan obstinadamente atrapado en la confusión del inicio de la adolescencia como yo. Nunca estaba conforme consigo mismo y siempre intentaba mejorar su apariencia. A menudo era narcisista, absorto en sí mismo y muy necesitado de la afirmación y el afecto masculinos. Apenas podía funcionar en el trabajo o relajarse en casa o en las vacaciones sin que estuviera presente alguno de sus novios. Su compañero sexual ideal era alguien que se subordinara a sus demandas sin ser afeminado. Él utilizaba el poder en esas relaciones, casi siempre con hombres diez años menores que su hijo. Él necesitaba tanto a los hombres más jóvenes como a los más poderosos e influyentes en su vida e idolatraba a aquellos que ocupaban puestos más poderosos en el mundo de los negocios.

Papá guardaba mucha ira no resuelta en su interior que hervía de una forma que dejaba callados y aterrorizados a quienes lo rodeaban. En ocasiones, había violencia entre papá y sus compañeros sexuales. Él y sus parejas con frecuencia reñían a sus amigos y también entre sí. Resultaba extraño escucharlos intercambiar insultos intolerantes hacia los homosexuales y los hombres a quienes les gustaba vestirse de mujeres. Papá y sus amigos contaban con numerosos compañeros sexuales anónimos y participaban en muchas clases de comportamientos sexuales, incluso el sexo grupal. Entonces, desde luego, había celos y sentimientos heridos de tiempo en tiempo, así como ciertas ventajas en las competencias por atención. Además, estaba esa legión de exparejas rechazadas que nunca más volvieron a aparecer por la casa.

Con el tiempo, papá rompió con Steve y trajo a distintos hombres para que nosotros los aprobáramos o reprobáramos. Había tenido citas con diversos sujetos mientras aún estaba con Steve y no se trataba de que cualquier nuevo novio fuera a convertirse en una presencia permanente, de modo que, en realidad, no podía importarnos menos a quién elegía. En algún momento, se quedaría con quien quiera que le agradara durante un tiempo; por lo tanto, ¿para qué pedía nuestra opinión?

Aunque durante algunos meses seguidos podía parecer que papá se había acomodado en una relación monógama con otro hombre, las apariencias engañaban. De hecho, la vida sexual de papá se volvía aún más caótica e impulsiva.

Aún tenía aventuras de una sola noche con amantes a quienes llevaba a casa cualquier tarde de la semana o a quienes llevaba al nuevo apartamento que recién había adquirido en la calle St. Charles, en la villa homosexual de Toronto. Una vez más, se nos prohibió visitarlo allí, pero se reservó el derecho de entrar y salir de nuestras vidas a su antojo. Algunas noches, papá se arreglaba y caminaba hasta el final de la calle, donde lo recogía algún amigo para una noche de juerga por los distritos homosexuales del centro. Algunas veces, me llevaba con él a esas excursiones. Existían ciertos restaurantes donde los hombres homosexuales y bisexuales podían relacionarse de manera abierta y conseguir citas. Había intercambio de tarjetas de negocios en la barra o un mesero las entregaba con discreción entre las partes interesadas o el mesero mismo era el objeto del deseo. Una noche, vi a papá dar una nalgada al mesero mientras tomaba nuestra orden, sin que nadie se ofendiera o considerara que aquello era inapropiado. Por lo común, papá participaba en conversaciones obscenas con hombres que acababa de conocer y, al poco rato, yo recibía la señal de que había llegado el momento de desaparecer y dejarlos solos, tal vez para reunirnos más tarde o sólo para que yo regresara sin él a casa.

En ocasiones, me preguntaba si existía un solo homosexual en toda el área metropolitana de Toronto con quien mi padre no hubiera tenido contacto sexual. Recuerdo nuestro breve tránsito descendente en una escalera eléctrica, en una tienda departamental de la calle Bloor cierta noche. Papá me advertía los peligros del hábito de fumar (algo que yo no hacía y que ni siquiera contemplaba hacer) cuando su atención se enfocó en otro sentido. En el tiempo que nos tomó descender un piso, papá hizo comentarios desfavorables acerca del modelo fotografiado en un cartel a nuestra izquierda, que era aburridísimo y vio que una de sus conquistas caminaba por la tienda. "Ese hombre padece el peor caso de sarna que jamás he visto", me dijo papá. "Ah, pero apuesto a que no fuma", pensé.

En todas sus relaciones —profesionales, familiares y extramaritales—, papá solía culpar a los demás por no ser lo bastante buenos para algo o por tener una perspectiva equivocada de las cosas. Él pensaba que siempre tenía razón. Todos los demás tenían problemas. Este juego de la culpa continuó durante varios años antes de que yo comprendiera por qué se le dificultaba tanto aceptar una responsabilidad personal por sus propias emociones y acciones. Llegué a reconocer que su gran necesidad insatisfecha era la misma que la mía: la ausencia de un padre amoroso era el factor operativo para ambos.

A papá se le dificultaba obtener un descanso adecuado y, por tanto, tomó píldoras para dormir durante muchos años. Asimismo, luchaba sin cesar contra la depresión y, en algunos momentos, pensó suicidarse. Lo escuché decir que había elegido su último apartamento porque la ventana no se abría a un balcón desde donde se sintiera tentado a saltar. Él vivió una vida atormentada. Como perfeccionista inflexible, su manera de sobrellevarla era entregarse a largos y arduos turnos en la oficina y después escapar por medio de actividades sexuales compulsivas por las noches y durante los fines de semana. Se sentía impelido a evitar los instantes de ocio, así como aquellos cuando los sentimientos de desesperanza y vacío lo inundaban. En una vida vivida en forma tan frenética, la reflexión, misma que quizá lo llevaría al remordimiento o la reforma, no era una posibilidad. Él estaba atrapado en un círculo vicioso de trabajo y adicción sexual.

Esa primavera, papá me comentó que los médicos habían detectado algo en su sangre. Era algo tan extraño que los médicos aún no tenían siquiera un nombre para ello y no podían garantizar que él viviera mucho tiempo más. Lo único que papá pudo deducir era que debía tratarse de algún tipo raro de cáncer en la sangre. Se sentía asustado y ansioso, y compartió esos sentimientos conmigo; no obstante, ese temor no lograría que disminuyera el ritmo de su vida. Por el contrario, lo impulsó a vivir más deprisa que nunca, desesperado por experimentar toda la diversión y excitación que pudiera.

No resultaba fácil comprar obsequios para papá, ahora que ya había alcanzado una posición que le permitía adquirir cualquier cosa que quisiera. Ese año encontré una pintura, en una galería del centro, que esperaba que le agradara. Representaba un velero en un sereno cuerpo de agua, con un cálido ocaso que bañaba toda la escena. Era una imagen hermosa que evocaba quietud y reflexión, dos cualidades que pensaba que mi papá bien podría cultivar con éxito en ese periodo incierto de su vida. El marco no era muy valioso y papá lo mandó cambiar por otro de más calidad y que se complementara mejor con la imagen; pese a ello, mis instintos habían sido acertados y me encantó cuando papá colgó la pintura en un lugar prominente junto a la puerta de su habitación.

Papá había acudido con un psiquiatra durante los últimos años; un sujeto vanguardista que, por desgracia, lo motivaba a explorar su sexualidad. Recién amenazado por la posibilidad de su propia mortalidad, él escuchó más la voz del psiquiatra que el silencioso consejo de la pintura que le había comprado. Papá se entregó a conductas sexuales cada vez más peligrosas a un índice cada vez más alto y aún más frenético. Mientras se abría camino a través de los baños públicos para homosexuales y ligaba compañeros sexuales que superaban cualquier conteo, sólo parecía volverse más beligerante y desatento respecto a su efecto en los demás. La desesperada estrategia que empleaba para mantener alejada a la muerte en realidad le había puesto la alfombra de bienvenida e invitaba al caballero encapuchado a entrar hasta los más oscuros resquicios de su torrente sanguíneo.

Una familia real

Ese verano, mis hermanos y yo jugábamos en un patio escolar cercano cuando conocimos a Bryan, un chico con antecedentes católicos que era agnóstico. Tenía 18 años de edad y una estatura de más de 1.80 metros, con cabello rubio claro y complexión delgada y enjuta. De inmediato, comenzó a visitar nuestro hogar casi todos los días para jugar y trabajar con mis hermanos. Juntos, repartían periódicos, cortaban el césped y llevaban a cabo labores en el patio y el jardín para mi padre.

Pronto, Bryan logró un sitio de influencia en mi familia. Papá lo aceptó con facilidad, ya que le agradaba contar con manos adicionales para trabajar en el patio. Dado que era un poco más grande, fuerte y experimentado, papá le pedía ayuda para las tareas más difíciles y complicadas de la casa, como probar la resistencia al agua de los cimientos. Por fortuna, el sexo no era un problema. Dado que Bryan no era de su tipo (papá prefería a los hombres de cabello oscuro), nunca le coqueteó. Todos nosotros, en especial Scott, disfrutábamos tener a Bryan cerca; él nos brindaba mucha de la necesaria atención que no recibíamos de papá. La fuerte relación entre Scott y Bryan permaneció sólida hasta bien entrada la edad adulta.

Durante algunos años, Bryan desempeñó también una función fundamental en mi vida. Bryan estaba allí cada día después de la escuela y me ofrecía conversación, reflexiones, seguridad y atención muy necesitadas. Nadie antes que él me había escuchado tan bien ni me había formulado tantas preguntas tan agudas acerca de mi vida y mis experiencias. Con él comencé a hablar por primera vez acerca de los horribles y recurrentes secretos que habían estado guardados durante tanto tiempo en mi mente. Él me invitaba a acompañarlo a partidos de básquetbol, a conciertos, a las residencias de sus amigos y a su apartamento para pasar un rato con su familia.

El hecho de conocer a su familia me aportó una nueva perspectiva de lo que se supone que una familia debe ser: solidaria, motivadora y proveedora de guías morales. A pesar de que Bryan vivía en un diminuto apartamento de dos habitaciones con su hermana menor y sus padres, aquella era una familia donde todos en verdad se cuidaban entre sí. Los padres recibían con agrado a los amigos de sus hijos en su hogar, en lugar de ahuyentarlos. Yo nunca había conocido ese tipo de hogar. Como muestra de más atención a mis necesidades físicas que la que mi madre jamás me prestó y, tras tomar dinero de un ingreso muy inferior al de mis padres, la madre de Bryan me compró un abrigo de invierno, guantes, un sombrero, una bufanda y suéteres. Ella siempre estaba dispuesta a conversar conmigo y, por sus atentos y cariñosos consejos, de alguna manera me recordaba a tía Grace. Se mostró incrédula cuando le comenté que mamá y yo invertíamos cinco horas cada sábado en un maratón de compras para papá. Ella sabía que papá sólo nos quería fuera de la casa para poder jugar con sus noviecitos y me motivó a procurarme cierta independencia y no continuar con esa farsa tan absurda.

El padre de Bryan era un poco más distante, un hombre tímido y de pocas palabras, pero siempre gentil y cálido. Su hermana, Laura, tenía mi edad y erizados cabellos rojos. Era muy parecida a su madre: amable y totalmente honesta, pero siempre útil. En cierta ocasión, Laura me señaló que estaba mal tener dos novios al mismo tiempo. Con el ejemplo de mi padre frente a mí, en realidad tuve que reflexionar al respecto, aunque pronto reconocí la simple verdad y la decencia en su mensaje. Desde luego, así debía ser. Con base en los perceptivos y bien cimentados modales de Laura, sospecho que sabía, mucho antes que yo, que Bryan había desarrollado sentimientos más profundos hacia mí. Con la diferencia de cinco años de edad entre nosotros y la maravillosa relación que había establecido con mis hermanos, yo no había identificado alguna señal al respecto.

Ese invierno, Bryan me pidió acompañarlo a caminar al caer la noche. Apenas había nevado y, por todas partes, la espesa cubierta de nieve resplandecía bajo la luz de la luna y del alumbrado público que brillaba entre las ramas de los árboles. Era una noche perfecta para que los amantes salieran a dar un paseo a pie. Con toda franqueza, yo no sabía lo que era el amor. El sentimiento en mi corazón era el deseo de que alguien quisiera estar conmigo, le agradara mi forma de vestir o deseara caminar y conversar en mi compañía. Bryan me hizo sentir especial. Empezó a comentarme sus sentimientos acerca de que deseaba que fuera su novia. Yo no tenía idea de cómo responderle. Me asusté y me sentí dividida entre el deseo de cercanía y la intención de mantenerlo a distancia, la cual fue una situación paralela a la torpeza de nuestra relación mediante unas cuantas separaciones y reconciliaciones a lo largo de los siguientes cinco años. Como conocía algunas de mis experiencias con Daniel, Bryan se encargó de no iniciar manifestaciones eróticas al principio de nuestra relación y jamás me obligó a tener relaciones sexuales con él.

Se convirtió en una presencia cotidiana en mi vida. Era confiable y leal como un san Bernardo, incluso en los días cuando mis hormonas se agitaban y yo, con toda franqueza, no deseaba verlo. Yo no podía apreciar por completo lo que él sentía por mí, ya no digamos recibirlo. Al siguiente verano, él pidió mi permiso para abrazarme antes de que yo entrara a la casa a dormir y respondí que sí. Nos encontrábamos fuera de la puerta lateral de la casa y ya era muy tarde. Recargado contra la pared del vecino y frente a mí, Bryan me atrajo con suavidad hacia su abrazo y me besó. Parecía casi cauteloso, como si se reprimiera y no quisiera lastimarme o ahuyentarme; sin embargo, yo percibí su ferviente atención y, hasta cierto grado, pude compartirla. Este sencillo beso me transformó y me permitió dar el primer precioso vistazo a lo dulce que podía ser el amor con la persona adecuada.

Yo sentía una especie de seguridad encubierta al saber que Bryan quería que yo tuviera el control sobre la parte física de nuestra relación y me prometió que nunca se aprovecharía de mí en términos sexuales. Yo estaba tan necesitada de atención y afecto que acepté la invitación, a pesar de no estar locamente enamorada de él. Siempre sensible a mis confusos sentimientos hacia la sexualidad, Bryan me brindó el espacio y el tiempo necesarios para descubrir cuál era mi lugar en este mundo. Si mis sentimientos por él ahora son tristes y conflictivos es sólo porque sé, hasta el día de hoy, que él me dio mucho más que lo que yo jamás pude darle. Nunca correspondí a su amor en igual medida, y lo lamento. Fue injusto de mi parte; no obstante, sin el sólido círculo de protección que él me brindó, no sé cómo hubiera podido sortear las tormentas de la adolescencia. No, no lo amé, mas siempre estaré en deuda con él.

Papá comenzó a reunirse con otro novio, Ron, con más regularidad, aunque no de modo exclusivo, y empezó a llevarlo a nuestra casa. Además de ser el principal amante de papá, Ron trabajaba en su oficina como contador y como especie de asistente personal. Ron se mudaba a nuestra casa la mayoría de los fines de semana y, en ocasiones, entre semana, estacionaba su Volkswagen Beetle color azul cielo en el camino de entrada y dormía en la habitación de papá en el ático. Ron era alto, delgado y con cabello oscuro, una apariencia que papá hubiera deseado tener. Siempre se vestía como modelo de la revista *GQ* y su presencia era impecable, tanto con traje como con prendas casuales. Él ayudaba con las tareas de la casa, como la instalación de ventanas nuevas al frente o de atrevidas luces de Hollywood en el tocador de IKEA, "hágalo-usted-mismo", de mi habitación. Él hacía todo lo que papá le pedía y, después de trabajar, ambos se sentaban juntos en el patio trasero para tomar el sol.

Pese a que yo apreciaba los esfuerzos de Ron en varios proyectos domésticos, en mayor medida resentía su presencia. Siempre que estaba cerca, en la casa o en la oficina (donde yo también entré a trabajar de medio tiempo), no había manera de acercarme a papá. Siempre que me aproximaba, Ron se adelantaba y me pedía que los dejara solos. "Dawn, tu padre está ocupado con unos documentos y no debe ser molestado", me decía.

Nos ignorábamos uno al otro la mayor parte del tiempo y nos comportábamos con rígida cordialidad cuando debíamos hacerlo. En ocasiones, me sorprendía que iniciara conversaciones de verdadero interés.

Cierto verano, en la oficina de papá, Ron mencionó un sauna facial eléctrico de su propiedad y lo grandioso que era para limpiar los poros. Yo miré su piel con atención y, como era de esperarse, ésta resplandecía. Él utilizaba humectante Clinique y un costoso bronceador que nunca dejaba marcas. Era mucho mejor que yo para cuidar su apariencia. Tras sentirme un poco culpable, me marché a casa, vertí agua hirviente en un recipiente Pirex de vidrio, agregué una bolsita de té de hierbas y coloqué una toalla sobre mi cabeza.

A veces, Ron y yo íbamos juntos a comprar víveres y charlábamos. En una ocasión, sin previo aviso, él me compró un moderno vestido color amarillo canario claro, al estilo de los años cuarenta, largo hasta la rodilla y con cinturón y hombreras para que lo usara en la oficina. Aunque no era exactamente mi estilo, yo se lo agradecí y lo empleé en numerosas ocasiones. Lo cierto es que tenía buen ojo para la ropa.

Un día, durante la hora del almuerzo en el trabajo, Ron y yo fuimos a caminar y conversamos acerca de que él había sido donador para el banco de sangre de la Cruz Roja. Era alrededor de 1978, antes de que nadie conociera la existencia del VIH y la transmisión del sida. Casi cualquier persona podía donar sangre, sin importar cuál fuera su historia sexual. Su aire de generosa benevolencia me hizo sentir incómoda porque yo no donaba sangre con regularidad cada ciertos meses como él. Si hubiera sabido que su potencialmente contaminada sangre pudo haber contagiado a muchas personas inocentes, me pregunto cómo se hubiera sentido. La ignorancia puede ser felicidad, pero también puede ser letal. Yo le señalé que esperaría hasta terminar de madurar para donar sangre y él sólo miró a lo lejos con un ofensivo aire de superioridad.

Algunas noches, papá y Ron se iban juntos de parranda o cada uno por su cuenta, lo cual podía ocasionar acalorados pleitos entre ellos. Peleaban en forma verbal y a veces física de vez en cuando, cuya evidencia era el derramamiento de sangre. Ron se mantenía alejado o desaparecía durante algún tiempo, pero él y papá siempre se reconciliaban. A menudo, durante las primeras horas de la noche, todos nos arreglábamos y salíamos a cenar a un restaurante y a ver juntos alguna película. Ron, papá, mamá y yo caminábamos por algunas de las áreas comerciales en la villa homosexual como si fuéramos dos parejas. Mamá no hizo escándalo alguno a causa de esta nueva relación, mas su conducta se volvió cada vez más extraña.

Una tarde, parada junto al refrigerador en la cocina, ella me expresó que apenas había visto que papá y Ron se tocaban uno al otro entre las piernas y en el trasero. "Así", me dijo y de pronto estiró la mano para colocarla entre mis piernas, hasta el tiro de mis pantalones cortos. Yo me sentí enojada y humillada. Su descripción había sido perfectamente adecuada. Yo no necesitaba una demostración. Ya era lo bastante repulsivo recibir ese tipo de atenciones de papá. ¿Ahora tendría que estar en guardia perpetua cerca de ambos?

Thomas encontró fotografías sexualmente explícitas de papá y de Ron, pegadas debajo de una vieja cómoda con cajones que papá le había regalado. Él las llevó al departamento de Bryan y me indicó que lo mejor era que me preparara para sentir repulsión. Las fotografías de ambos hombres, desnudos en poses y con erecciones completas habían sido tomadas en varias habitaciones de nuestra casa, quizá durante un sábado mientras mamá y yo cumplíamos las tareas que papá nos había encomendado. A la vista de esas fotografías, mis rodillas se doblaron debajo de mí, caí al suelo y comencé a sollozar. "¿Cómo pudo hacer eso?", preguntaba una y otra vez. Una cosa era saber, a nivel intelectual, que todo eso sucedía; no obstante, ver esas fotografías fue otra cosa mucho más visceral e inquietante. A Bryan le sorprendió la audacia de mi padre al presentar ese tipo de comportamiento, en especial con niños en la casa. Con la voz ahogada por la ira, él nos expuso que aborrecía la homosexualidad. Nunca antes lo había visto tan alterado. Su respeto por mi padre desapareció por completo. Con ánimo protector, me abrazó y yo lloré sin consuelo contra su pecho. Después, prometió a Thomas que me llevaría a casa.

Me pregunté cómo reaccionaría mamá ante esas fotografías. ¿Confrontaría a papá? ¿Por fin desarrollaría las agallas suficientes para poner fin a su vergonzoso matrimonio y se marcharía? ¿Las destruiría en silencio o las escondería y seguiría como si nada hubiera ocurrido?

Ninguna de las respuestas anteriores, según resultaron las cosas. Cuando Thomas se las mostró, ella, por su parte, se las enseñó a algunos parientes y amigos como prueba del tipo de hogar en el cual vivíamos. Por desgracia, nadie ofreció alguna respuesta útil.

Ese verano, papá promovió otra ronda de diversión fotográfica. Quería algunas fotografías formales tomadas en nuestro jardín trasero para exhibirlas en el escritorio de su oficina. ¿A quién quería engañar? Nosotros éramos sus hijos-trofeo a quienes podía mostrar en su oficina, lo cual lo haría lucir normal, y para hacer saber a sus amantes que él era atractivo, seguro y afectuoso. A pesar de que no le servíamos para nada, papá quería que mamá y yo luciéramos nuestro mejor atractivo y nos compró membresías vitalicias en el gimnasio Vic Tammy's, en la villa homosexual. Él opinaba que éramos demasiado gordas y que necesitábamos perder peso. Papá había invertido mucho dinero por las membresías y yo me sentía culpable si, cuando menos, no asistía de vez en cuando; sin embargo, no asistía con suficiente frecuencia como para complacerlo.

Y ahora él nos utilizaba como frente para una más de sus actuaciones y yo no podía hacer nada al respecto. Él controlaba las riendas y yo sabía que debía continuar con su farsa si quería seguir viviendo en nuestro hipócrita hogar. Sus inestables estados de ánimo y amenazas de violencia —implícita o explícita— me mantenían dócil. No quería arriesgarnos, a mí o a mamá, a sufrir un daño físico por no haber cumplido alguna de sus inflexibles órdenes. Exigía que yo actuara mi parte y, una vez más, tal como mamá, yo me apegaba al programa.

Al no tener ropa bonita, yo pregunté a mamá lo que debía ponerme. Ambas murmuramos nuestra desaprobación por toda aquella farsa mientras yo me ponía una de sus blusas y una falda marinera que me quedaba grande para salir al jardín trasero, con plena conciencia de que todo aquello era falso. No tenía ganas de sonreír para la cámara, pero lo hice de todas maneras. Había cuidado a mamá desde que tenía ocho años de edad, había limpiado y organizado la casa, había preparado comidas, había vendido de puerta en puerta y había ayudado con el cuidado del jardín. Había adquirido mucha práctica en ser explotada y en mantener la boca cerrada; no obstante, papá me había prometido que, si yo contribuía en todas esas áreas, las cosas marcharían mejor en esa nueva casa. Él había cortado nuestras raíces de nuestros amigos de la escuela primaria y nos había llevado a un vecindario judío, donde nunca seríamos aceptados, sólo porque su nuevo novio vivía cerca. Como es evidente, esta decisión no guardó relación alguna con nuestros mejores intereses. Todo era para él. Sin importar lo bien que me desempeñara, nunca podría lograr que mi padre me valorara por ser quien era.

Tras haber tomado la primera sesión de fotografías, vimos a nuestro derredor y descubrimos que Thomas y Scott no estaban por ninguna parte. Ellos no pensaban jugar el juego de la "familia feliz" para nadie, por lo que papá tuvo que cancelar el resto de la sesión fotográfica. Mis hermanos no serían coaccionados para participar en esa mentira tan elaborada y yo no pude evitar admirar su honestidad y valor en el simple hecho de marcharse. Es verdad, desaparecer no era un gran riesgo para ellos. Por ser varones, ellos siempre disfrutaron más libertad y nunca soportaron el mismo nivel de exigencias de servidumbre que me había tocado a mí. Sólo porque yo era la niña se me asignaban actividades que ellos nunca llevaron a cabo y estaba expuesta a muchas más penas.

En ocasiones, me reunía con mamá en el centro, en el parque Queen, donde ella trabajaba. Caminábamos hasta el Centro Eaton para comer una ensalada y yogur antes de pasear por algunas tiendas. En realidad, no comprábamos mucho. Era más una excusa para tener una plática privada lejos de la casa. Nuestras conversaciones, en su mayoría, eran sobre papá, pues yo casi nunca hablaba de la escuela o los novios con ella. Con frecuencia, ella parecía distante, distraída y deprimida pero siempre articulaba un gesto de fortaleza en medio del caos en el cual se había convertido su vida. Mamá había acudido con un psiquiatra, quien le ayudó a diseñar algunas estrategias para soportar las oleadas de presiones que podían causar que sus reacciones a la insulina se salieran de control. Su desempeño laboral también sufría.

Papá era muy controlador y exigía que todo el mundo siguiera sus órdenes sin negociación. Nos amenazaba verbalmente a las dos; incluso, amenazó a mamá con que la mataría —o que la mandaría matar— si no cumplía con sus exigencias. Mamá nunca fue del tipo que opone resistencia visible y, sin importar lo mucho que la alteraba el terrible temperamento de papá, el cual cada vez era peor, nunca dio muestras de ello. Mamá buscaba ganar tiempo mediante una conformidad aparente pues temía que, de lo contrario, él dejara de pagar las cuentas. A escondidas, principió a consultar a un abogado para ver cuáles eran las implicaciones de dejar a papá, pero no se sentía cómoda al compartir los detalles conmigo por temor a que, por medio de la coacción, papá lograra sacarme la información. En el fondo, creo que ella aún amaba a papá y esperaba, contra toda experiencia, que él cambiara.

Mamá no mencionó la separación legal hasta que Thomas y yo cumplimos dieciséis años de edad, solicitó nuestra opinión respecto de dicha posibilidad y nos advirtió que sería un proceso terriblemente prolongado debido a todas las ventajas de papá por sus negocios, además de las financieras y las legales. Al instante, Thomas y yo estuvimos de acuerdo en que ella procurara su separación legal; sin embargo, a pesar de ese inicio tardío, hicieron falta tres años más para que el trámite funcionara. En un momento dado, mamá descubrió que su abogado hacía tratos con el de papá a sus espaldas y que ambos se habían generado quince mil dólares en costos legales mientras tanto. Durante cinco largos años, nosotros, como borregos, le dimos por su lado a papá en todo lo que él quería. Por lo general, cuando nos distanciábamos de él o no hacíamos lo que nos ordenaba, él lo notaba y comenzaba a complicar más las cosas. El peligro de las amenazas físicas de papá siempre estaba presente, listo para desatarse si no obedecíamos sus órdenes.

Abandonada como esposa y amante durante alrededor de una década y media, mamá decidió buscar intimidad en lugares bastante extraños. Luego del trabajo, en ocasiones se iba de compras o al cine con su excéntrica amiga Beverly, quien acostumbraba vestir de rojo y motivaba a mamá a mejorar su apariencia con atuendos más provocativos y tonos más brillantes de barniz de uñas y lápiz labial. Beverly siempre abrazaba a mamá o la tomaba de la mano y, juntas, a menudo, sucumbían a las risitas como un par de niñas pequeñas. Si no era lesbiana en toda la extensión de la palabra, estoy segura de que Beverly bateaba de ambos lados. Beverly y mamá participaban en paseos de un día al campo y a la playa; en ocasiones, mamá se quedaba a dormir en su casa. Yo sabía que mamá estaba hambrienta de afecto y tenía una personalidad débil; ella cedía con facilidad a los caprichos de otras personas y me parecía que los caprichos de Beverly eran decididamente eróticos.

Yo no confiaba en absoluto en la influencia de Beverly sobre mamá. Ella fue también quien instó a mi madre a probar el modelaje; un campo en el cual, con toda franqueza, ella no tenía esperanza alguna de sobresalir. Mamá gastó mucho dinero en clases de modelaje; mismo que bien pudo invertir de manera mucho más productiva en otras áreas de su miserable vida. No niego que, en aquella época, mamá necesitaba con toda desesperación tener un sueño, algún objetivo feliz o una situación ideal hacia la cual pudiera abrirse camino; no obstante, yo sabía que no había forma de que se sintiera jamás cómoda en el malicioso mundo del modelaje, incluso si hubiera tenido la apariencia apropiada. Resultaba vergonzoso verla dilapidar el dinero con esas harpías, quienes explotaban su desesperada credulidad.

En cierta ocasión, debajo de la cama de mamá, encontré una publicación erótica de lesbianas que Ron y papá le regalaron. Le habían pedido unirse a ellos en una relación sexual de tres personas, pero ella no aceptó. Igual de repulsivo fue para mí ver que ella permitía que Skipper montara su pie enfundado en una pantufla y se masturbara. En ocasiones, la descubrí en su habitación en el acto de frotar los genitales de Skipper hasta que éste alcanzaba el clímax. Ella creía que el pobre y pequeño animal necesitaba un alivio sexual de vez en cuando y se sentía feliz de hacerle el favor, para luego limpiar sus amorosas salpicaduras con un pañuelo desechable. Incluso cuando le dije que eso estaba mal y que debía dejar de hacerlo, ella continuó. Entonces, yo recordaba que, cuando mi hermano y yo éramos bebés y estábamos recién bañados, ella nos montaba sobre su pie por turnos y balanceaba la pierna hacia delante y hacia atrás. A pesar de eso, sin importar lo extraño que su comportamiento pudo haberse vuelto, ella nunca era tanto el iniciador como el reactor; era quien se adaptaba. Dentro de mi corazón, siempre he sentido que, si ella se hubiera casado con el tipo apropiado, hubiera podido ser una June Cleaver: una esposa perfecta.

Scott evitaba la mayoría de las situaciones de la casa por medio de la estrategia de nunca estar presente. Siempre que se presentaba la más ligera provocación en el frente hogareño, él escapaba. Tenía al rededor de cinco años de edad cuando papá se volvió más abierto en cuanto a su sexualidad y fue entonces cuando Scott empezó a meterse en problemas con otros niños. Siempre ganaba las peleas diarias en la escuela y se volvió un poco abusivo. Incluso aun cuando era casi analfabeto al final de su adolescencia, Scott fue aprobado en silencio en cada grado del sistema escolar elemental. Cualquiera podía percibir que quizá sus profesores preferían aprobarlo para no tener que tratar más con él. Incluso con las continuas quejas sobre su deficiente desempeño, su errática atención y su delictivo comportamiento, Scott nunca recibió terapia o tutorías que lo ayudaran a aprender a sobrellevar su situación.

Papá ya lo había enseñado, con el ejemplo, a mentir y a robar y, dado que en términos fundamentales era un chico brillante, Scott aprendió muy bien esas lecciones. A los nueve años de edad, invertía demasiado tiempo en vagar por las calles con otros conflictivos muchachos un poco mayores; se involucraba en problemas más graves y, a veces, no llegaba a casa pues dormía en cualquier sitio donde hubiese una cama disponible. Casi nunca cenábamos juntos en familia, por lo que ignoro dónde obtenía sus cenas calientes. Mamá y yo hallábamos ropa sucia acumulada durante un mes y metida detrás del armario, en la esquina de la habitación de Scott. Era en verdad deplorable. Él tenía muy poca ropa y pasaba el invierno sin guantes o un abrigo decente.

El verano previo a su graduación de octavo grado, Scott se entregó a una racha de promiscuidad, como si intentara con desesperación asegurar o demostrar su heterosexualidad. Este chico que casi no estaba en casa y quien siempre encontraba camas en cualquier otro lado para echarse, decidió traer a su novia de catorce años de edad a nuestra casa, donde solían encerrarse en la habitación de Thomas con actitud conspicua y tenían múltiples rondas de sexo bastante escandaloso. Bien pudo haber colgado un gran letrero en la puerta de Thomas: "Oye, papá, esto es sólo para informarte que no tengo intenciones de ser como tú".

Yo tocaba el clarinete en la banda del bachillerato y cometí el error de invitar a papá a un concierto que ofrecimos cuando cursábamos el décimo grado.

Cuando se presentó, los ojos de papá casi se salieron de sus órbitas al mirar a los atractivos varones adolescentes de mi escuela. El saxofonista alto de la banda era un muchacho llamado Barry. También campeón de salto con garrocha de nuestra escuela, Barry estaba en excelente condición física y ese hecho no escapó a la atención de papá cuando Barry vino a la casa para ayudarme con una tarea escolar, algunas semanas después.

Conversábamos en el pasillo del piso superior cuando papá bajó por las escaleras del ático, vestido sólo con su ajustada ropa interior, y contempló a Barry a través del espacio entre los escalones de la escalera.

"Oye, Barry, ¿quieres venir conmigo arriba y divertirnos un poco?", preguntó papá.

Desde la habitación ubicada en el ático, escuchamos que Ron murmuraba algo para animarlo. Papá se paró como a un metro de distancia de Barry con una sonrisa lasciva y adoptaba poses provocativas mientras continuaba con sus obscenas observaciones acerca del cuerpo de Barry y de la excitación que lo esperaba allá arriba. Continuó tentando a Barry con gestos y palabras e ignoró por completo mi furioso gesto de desaprobación. En ese momento, si yo hubiera portado una cola de pavo real, le hubiera arrancado algunas plumas, hubiera rodeado con éstas su cuello y lo hubiera estrangulado.

"Papá, ¡basta! —exclamé—. Sólo detente. Regresa allá arriba y deja en paz a Barry". Me aproximé a Barry con la intención de protegerlo, mientras el pobre dudaba, ahogado en incomodidad, sin saber qué hacer o decir. Él nunca antes había enfrentado el crudo ataque de este tipo de reclutamiento y la humillación lo aturdía. Pocos días después, papá entró al comedor (por fortuna, con pantalones) donde se celebraba una elegante cena y tomó algunas fotografías de Barry y yo sentados juntos. En las fotografías, resulta evidente que yo hiervo de rabia y que el pobre Barry sonríe con timidez, inseguro de cuál podría ser la respuesta educada cuando el papá de su amiga le proponía una vigorosa ronda de sexo entre tres.

Un sábado por la tarde, al volver a casa luego de uno de nuestros maratones de compras de "lárguense de aquí", yo guardé los víveres y bajé a nuestro salón recreativo. El sofá-cama estaba abierto y había sábanas blancas desordenadas sobre el colchón. Junto al sofá-cama, hallé un montón de sábanas que abrí para revelar manchas húmedas y brillantes de semen, lubricante y huellas marrones de excrementos humanos a lo largo de uno de los lados. En un lugar, parecía como si alguien se hubiera sentado, desnudo, sobre la sábana mientras salían fluidos de su recto, lo cual dejó ruedas de una sustancia marrón. Horrorizada y estupefacta, llamé a gritos a mamá: "Mamá, baja aquí. Por favor, baja. Es muy importante".

La ceja de mamá se arqueó hacia arriba, en señal de alarma, cuando vio las sucias sábanas.

"Mamá, no puedo creer esto —tartamudeé—; sólo mira este desastre".

Estremecida, mamá levantó la esquina de una sábana y la soltó con repulsión. "Esto es horrible. ¿Cómo puede hacer esto en nuestra casa y dejar este desorden?"

"Ésta ni siquiera es su habitación..., es un salón familiar —le manifesté—. ¿Crees que él quería que lo supiéramos?", pregunté.

"No —respondió ella con un tono vencido de resignación—. Es probable que estuviera drogado".

Ya antes había escuchado referencias sobre las drogas, pero el tono en la voz de mamá parecía indicar que su consumo iba en aumento. Una noche entre semana, papá me había dado una pastilla para dormir con el fin de que no me molestara el ruido que provocaban él y Ron cuando tenían relaciones sexuales en el ático.

En silencio, limpiamos todo y no mencionamos una sola palabra a papá por temor a que me echara de la casa o a que dejara de pagar la hipoteca. Asimismo, existía la posibilidad constante de provocar violencia física si decíamos algo incorrecto o mostrábamos menos conformidad.

Comencé a ceder a la presión de mi vida hogareña, cada vez más sórdida, y no sabía cómo iba a soportarla. Deseaba alejarme de todo aquello. Cierto día, en los baños de la escuela, me contemplé en el espejo y estallé en llanto. Una mujer joven entró y, alarmada por mi pena, me preguntó si me sentía bien. Avergonzada, respondí que sólo me sentía un poco mal. Más tarde, en clase de matemáticas, mientras el profesor asignaba la tarea, la única palabra que pude anotar en mi cuaderno, una y otra vez, fue *ayuda*.

Ese año, en las fiestas de Acción de Gracias, tuve mi primer alejamiento crítico de mi vida hogareña: me fui con Bryan tres días. Yo no planeaba ir. Sólo sucedió. Papá no estaba en casa. Yo estaba en su nido de lujuria en el ático en busca de cualquier cosa cuando, de pronto, empecé a gritar, a sollozar y a golpear todo lo que me rodeaba. Papá había comprado hermosas imágenes gemelas de flores en jarrones de cristal. En un impulsivo arranque de rabia, sin saber en realidad lo que hacía o por qué, las arranqué de las paredes y las azoté contra el suelo.

Con sus sábanas embarradas de excrementos, su descuidada esposa, quien se volvía más rara en su soledad a cada minuto, y sus hijos no amados, fatalmente carentes de armas para enfrentarse a los desafíos que la vida nos presentaba, mi padre, decreté por instinto y furia, no merecía tanta belleza. Ese hombre, quien nunca apreció la belleza más allá de su capa más superficial en cualquier ser viviente y quien luego la desechaba cuando su esplendor comenzaba a apagarse y luego la sustituía por otra, no se había ganado el consuelo de la belleza natural que esas imágenes representaban. Entonces, las destruí.

Mamá subió las escaleras a todo correr para intentar calmarme. Tomó mis manos al tiempo que yo sollozaba con amargura y le advertía que no intentara impedir mi partida. Mientras yo empacaba para mi viaje, ella se mostró más gentil conmigo de lo acostumbrado. Creo que sabía que yo había entrado a una zona donde cualquier tipo de reproche paterno era inútil. Ella sabía que yo tenía motivos de sobra para marcharme de la casa en ese momento. La perversa sexualidad, los golpes, la vergüenza, el abuso sexual, las críticas represiones...; a los catorce años de edad, yo ya había soportado ese tipo de dolor en esa familia y quería alejarme de todo.

Bryan y yo fuimos a las Cataratas del Niágara por dos noches y luego a un partido de futbol americano en Hamilton. Viajamos con otra pareja. Un hombre judío de veintitantos años de edad se ocupó de conducir el automóvil y su gentil novia de dieciocho se sentó junto a él en el asiento delantero. Bryan y yo nos acurrucamos en el asiento trasero y casi no hablamos; sólo mirábamos pasar el paisaje. Nos hospedamos en un agradable hotel construido alrededor de una alberca techada con un remolino en un extremo. Después de nadar un rato, la otra pareja se dirigió a su habitación, la cual contaba con jacuzzi. Planeamos reunirnos más tarde para comer y pasear juntos.

Nuestra habitación tenía dos camas de tamaño doble y unos cuantos muebles. Todo el sitio olía un poco a cloro, pero era maravilloso estar lejos de las garras de mi disfuncional familia. A pesar de que me acosté vestida, la primera noche dormí con Bryan. Nos besamos y abrazamos durante un buen rato, pero eso fue todo. La otra pareja era un poco mayor y tenía mayor intimidad sexual que la nuestra. Se decía que la chica esperaba un anillo de compromiso; no obstante, su novio sólo estaba interesado en el sexo. Yo estaba allí para escapar de mi familia y Bryan, bendito sea, estaba allí por mí.

La noche siguiente, todo hizo implosión y yo no pude levantarme de la cama para ir a cenar. En términos físicos y emocionales, estaba exhausta por todo el caos en mi casa y la maquinaria de mi cuerpo ya no respondió ni a las órdenes más sencillas. Bryan me cuidó toda la noche y durmió en la otra cama para permitirme dormitar como un saco de papas durante quince horas. A la mañana siguiente, abordamos el automóvil y partimos a Hamilton. El partido de futbol americano no me resultó tan emocionante, pero a Bryan le agradó; además, era grandioso no estar en mi casa, incluso si invertía la mayor parte de mi tiempo en dormir.

Cuando regresé a casa, el lunes, papá estaba furioso porque yo no había estado presente para la cena de Acción de Gracias. Para ser precisos, él comenzaba a sospechar que yo ya escapaba a su control. Papá no había estado presente en las fiestas durante años; entonces, ¿por qué le había molestado tanto mi ausencia esa vez? Yo dudaba mucho de que hubieran celebrado alguna cena especial y, de hecho, no la hubo. Sonreí al intentar imaginarlos a todos amontonados alrededor de la fuente del pavo, que irradiaban un resplandor al estilo de las conmovedoras ilustraciones de Norman Rockwell y que su felicidad era completa, excepto por la ausencia de su amada hija. Al reprenderme de manera tan hipócrita cuando regresé a casa, él sólo confirmó el primer motivo por el cual tuve que marcharme. ¿Quién era papá para decirme lo que debía hacer cuando estaba más interesado en sus novios que en mí? ¿Cuando estaba más interesado en *mis* novios que en mí? Yo no le importaba en absoluto y debía hallar otro modo de sobrevivir.

La reciente preocupación de papá por la unidad doméstica desapareció pronto. Dos días después, el señor Acción-de-Gracias-Familiar cambió su ánimo. Salía de la casa vestido con pantalones de ajuste obsceno (era visible que su inflamado miembro estaba estratégicamente colocado dentro de una pernera del pantalón), con una camisa igual de ajustada y transparente. Me sorprendió su apariencia de prostituto y se lo dije, pero él no respondió nada cuando le pregunté adónde iba. Él sólo me hizo a un lado y me ordenó que no lo siguiera. Caminó hasta el final de la calle y allí lo recogió alguien para otra noche de parranda y ligue.

Incesto emocional

Para entonces, papá había mudado su oficina a un lugar mejor ubicado en el centro de Toronto. Ahora, era presidente y propietario de su propia agencia de reclutamiento de ejecutivos. Yo trabajé para él, durante siete veranos y algunos fines de semana y días feriados a lo largo de mi adolescencia, en la organización de sus expedientes y de las miles de solicitudes de empleo que recibíamos. Al principio, no me importó porque perfeccionaba mis habilidades de oficina, pero, con el tiempo, me sentí usada. Papá era un patrón rudo, lo cual me enseñó a servir de manera sumisa bajo autoridad. Asimismo, laboré con expedientes de clientes; incluso, efectué búsquedas para ellos, lo cual me agradaba más puesto que me permitía emplear un poco más mi mente. A los catorce años de edad, él me hacía archivar, responder los teléfonos, mecanografiar algunas cosas, hacer mandados y comprar los víveres para la cocina de la oficina...; todo con tacones altos debido a su insistencia. Sin embargo, él siempre era riguroso, en grados imposibles, en cuanto a la calidad de mi trabajo; por tanto, ni siquiera mis mejores esfuerzos alcanzaron sus niveles de perfección. Yo tenía más interacción con mi papá en la oficina que la que nunca disfruté o soporté en la casa; no obstante, tal como nuestra relación personal, nuestra relación profesional era violada una y otra vez cuando él me llamaba a su oficina para criticarme y reprenderme hasta por cuarenta y cinco minutos por sesión.

Además de mis tareas secretariales, mi otro trabajo era espiar. Los candidatos nunca sospecharon que esta chica de modesto atuendo que circulaba por la oficina era la hija del presidente y observaba y reportaba cada uno de sus movimientos. Desde el momento en que los clientes y los candidatos entraban al cálido y profesional espacio de la oficina, yo, sentada detrás de un escritorio, tomaba notas. Evaluaba su vestimenta, sus maneras, su voz, su actitud y su apariencia general, y los observaba mientras llenaban los formatos de solicitud, los cuales entregaba a los consultores que los entrevistarían. Con base en mis observaciones previas, los solicitantes obtenían cinco o cuarenta y cinco minutos de entrevista con los consultores. Me sentía poderosa al tener la enorme responsabilidad de evaluar a la gente. En ocasiones, esta actividad superaba el trabajo más mundano que mi papá me asignaba.

Desde luego, cualquier ambiente de trabajo supervisado por papá debía regirse por juegos de poder. Casi siempre, papá me ordenaba transmitir un cumplido a un empleado de la oficina con quien no se sentía complacido para que, a continuación, él pudiera despedirlo al mes siguiente. Papá consideraba que, invariablemente, cualquier forma de halago ocasionaba que los trabajadores redujeran la intensidad de su trabajo y que su desempeño se volviera de segundo orden, así que mi tarea era apoyar ese proceso natural. Éste y mi servicio de espionaje eran pequeños extra, pero la carga mayor era demasiado convencional y yo ansiaba algo más desafiante. En gran medida, mi papá desestimaba mi inteligencia y el valor de las mujeres en general. A pesar de que en el decimotercer grado yo asistía a dos cursos avanzados de ciencias y a dos cursos de matemáticas, él no me asignaba labores más demandantes. En lugar de ello, delegaba más responsabilidades en Ron, quien se encargaba de toda la contabilidad de la oficina de Toronto y asistía a papá en sus múltiples deberes de búsqueda de clientes.

Al mirar a papá interactuar con sus empleados y colegas, me daba cuenta de que se presentaba ante los demás como un hombre muy trabajador y profesional. Nunca mostró alguna de las maneras estereotipadas de los homosexuales y ocultó con éxito su sexualidad en el trabajo hasta el final de mi adolescencia. Cuando fue anfitrión de una fiesta de la oficina en nuestra casa, él jamás perdió el control, para gran decepción de algunos de sus empleados, quienes, resultaba evidente, estaban con ánimos de soltarse el pelo y disfrutar más diversión que la que él hubiera tolerado. Papá prestaba mucha atención al hecho de exhibir una fachada de heterosexualidad feliz, aunque sobria. Con el tiempo, los trabajadores que habían colaborado varios años con él comenzaron a detectar la curiosa dinámica entre papá y Ron, quien trabajaba en el despacho contiguo al suyo. Ron hacía mandados, preparaba comidas y me ayudaba con la compra de víveres, todas las cuales eran tareas subordinadas de esposa. A menudo, papá cerraba con seguro la puerta de su oficina y tomaba una siesta de una hora de duración durante la tarde, y todo el personal se acostumbró a ello; mas, con el tiempo, muchos de los empleados no pudieron evitar notar que era raro que Ron no anduviera por allí en esos momentos de descanso y que sólo reapareciera cuando se quitaba el seguro de la puerta, se levantaban las persianas y se reanudaba la vida de oficina en el despacho presidencial. Transcurrido el tiempo y de manera inevitable, los colaboradores de la oficina principiaron a cuestionarse ese arreglo. Muy pocos compartieron sus temores conmigo por miedo a que yo se los comunicara a papá. Sin falta, ellos eran amabilísimos conmigo y me sonreían.

Pese a eso, fuera del lugar de trabajo, la percepción de papá de la realidad parecía empezar a perderse a medida que se incrementaba la voracidad de su apetito sexual. Una tarde, me llamó a su oficina para mostrarme algunas fotografías de su reciente viaje a la playa nudista de Nueva York y me preguntó si me gustaría ir allí con él. A pesar de que me negué por completo, él continuó con sus insistencias; de hecho, unos cuantos días más tarde, se procuró otra oportunidad. En esta ocasión, quería que me mudara con él de modo permanente a la meca homosexual en San Francisco, donde podría utilizar mis encantos para sus propios fines. Al estar cerca de mi padre, aprendí que, incluso a los hombres homosexuales y bisexuales, les agradaba rodearse de mujeres bellas. Éstas eran empleadas como carnadas para atraer más hombres. Dado que ya me había usado para atraer parejas sexuales en las subculturas locales, papá imaginó que podría hacerlo para atraer más hombres en San Francisco.

El plan era que él y yo empacáramos de inmediato y que abandonáramos a mamá, a mis hermanos y a Ron, quienes tendrían que arreglárselas solos en Toronto. Yo no me defendí muy bien de su impulsiva invitación y él intentó tentarme más con su charla acerca de los tranvías, una vida nueva y toda la gente maravillosa que conocería allá. Yo no quería dejar la escuela ni a mis amigos, a pesar de que los miles de asuntos prácticos del hecho de mudarnos a otro país y de encontrar alguna forma de sostenernos pudieran resolverse. En términos más esenciales, yo no confiaba en una sola de sus palabras. Incluso si nos manteníamos juntos y él no me botaba en cuanto le resultara conveniente, yo sabía que terminaría por vivir en el centro con él, por presenciar la vida nocturna en las subculturas y por tener que hacer todo lo que él quisiera que hiciera. Yo sabía que, incluso si tenía a mi papá para mí sola en el otro extremo del continente, él nunca estaría conmigo. Ni siquiera sentí la tentación de ir.

Cuando no estaba dedicado a deleitarse con el buffet sexual de los distritos homosexuales de las principales ciudades estadounidenses, papá volvía a sus viejos incondicionales y aderezaba los encuentros por medio de la estrategia de cambiar los lugares de sus citas. Una tarde nublada, bajé al sótano y avancé por el oscuro corredor hasta el salón recreativo, donde sorprendí a papá en el acto de tener relaciones sexuales con Ron. Ambos estaban desnudos por completo y papá penetraba a Ron por detrás y empujaba. Me quedé allí de pie, paralizada y atónita, incapaz de moverme mientras papá retrocedía despacio, con todo cuidado levantaba del suelo su ropa interior, se la ponía y luego caminaba hacia la chimenea y apoyaba el codo derecho en el dintel. No me miró ni pronunció palabra, aunque sabía que yo estaba allí. Fue casi como si fingiéramos que nada de eso era real y como si sólo hubiera sido un engendro de mi imaginación. Cuando por fin pude moverme, en silencio me volví y huí por las escaleras. Minutos después, papá también subió y me indicó, con voz casual: "La próxima vez que subas o bajes las escaleras, anúnciate para que yo sepa que vienes".

"Sí, claro", pensé, pero no dije nada.

Además de lo asqueroso que era ver a papá introducir su pene en el ano de Ron, también estaba el problema de los gérmenes. Una vez más, papá y su no exclusiva pareja habían tenido relaciones sexuales, las cuales generaban fluidos, sin protección y en una habitación donde los miembros de la familia acostumbraban reunirse para mirar la televisión. Dicho comportamiento puso a toda su familia en riesgo de contagiarnos, entre otras enfermedades, de hepatitis. Temerosos de contraer la enfermedad, algunos miembros de la familia, incluso algunos compañeros de trabajo, nos vacunamos contra la hepatitis a modo de protección.

Poco tiempo después de eso, estaba en el baño de arriba y me secaba tras tomar una ducha cuando papá entró para compartir conmigo una importante información acerca de la higiene. Sacó lo que parecía una jeringa para oídos del estante, se desvistió, entró a la bañera y llenó la jeringa con agua jabonosa tibia; procedió entonces a insertársela en el recto y a oprimir el émbolo. "Tú también debes usar esto para limpiarte de vez en cuando —me instruyó—. Sólo llénala con agua jabonosa tibia e insértatela con suavidad para lavarte."

Asqueada ante la idea de compartir un instrumento como aquél con mi papá, murmuré algunas palabras carentes de compromiso y escapé del baño. En ningún momento planeé agregar esa ablución a mi régimen de higiene. En dos ocasiones, me importunó durante los días siguientes para averiguar si lo había intentado y luego, por fortuna, olvidó el tema.

Entre Navidad y Año Nuevo, nuestra feliz familia voló hasta Acapulco, para vivir otra de nuestras siniestras vacaciones. Allá se incrementarían en forma abrupta mis preocupaciones sobre los riesgos de salud relacionados con el estilo de vida homosexual y también presencié evidencias del creciente consumo de drogas de papá. Durante nuestro trayecto en taxi hacia el hotel, papá me ordenó que gritara por la ventana a quienes tuvieran apariencia de empresarios callejeros: "¿Tienen 'piedra'?". En apariencia, había muchas drogas callejeras disponibles en Acapulco y papá sabía cuáles eran las mejores áreas de compra-venta de estupefacientes. En el hotel, nos hospedamos en habitaciones separadas: Thomas y yo en una, papá y Scott en la siguiente y mamá sola en otra más. Nuestras habitaciones estaban situadas lado a lado con acceso a un balcón con refrigerador en el que guardábamos bocadillos y bebidas como Coca-Cola, agua embotellada, fruta y aguacates. Todas nuestras comidas tuvieron lugar en restaurantes de estilo estadounidense.

Cuando nos instalamos, papá nos advirtió específicamente que no nos acercáramos a la playa o a las rocas que conducían a la bahía y agregó que los nativos destinaban esas áreas como baños. Quedó en evidencia no sólo que papá ya había visitado antes ese hotel, sino que éste tenía una reputación internacional como punto de reunión de homosexuales. Mis hermanos y yo pasamos mucho tiempo junto a la alberca del hotel, donde notamos que papá revisaba la limpieza del agua cada mañana. Él nos advirtió que nos mantuviéramos alejados de las ruidosas fiestas que se celebraban en la orilla de la alberca la mayoría de las noches porque podían quedar excrementos humanos en el agua. Eso era lo que revisaba todas las mañanas. Yo no podía imaginar el tipo de fiestas que eran aquellas donde los invitados no tenían la decencia de usar los baños. Como era de esperarse, papá detectó materia fecal flotante en la alberca cierta mañana y nos ordenó permanecer fuera del agua hasta que la limpiaran. Cuando el vigilante se negó a ofrecerle cualquier tipo de ayuda, papá se ocupó en persona de la tarea de vaciar la alberca; luego, entró y la lavó con una manguera y, por último, encendió la bomba para llenarla de nuevo con agua, aunque olvidó agregarle cloro.

Fuimos a un paseo en lancha alrededor de la bahía y a cenar al restaurante Black Beard una noche; también, vimos a los clavadistas en los acantilados de cuarenta metros de altura en La Quebrada. Luego de descubrir que no podíamos bucear, fuimos al mercado, compramos pulseras de plata y algunas prendas de ropa, en un área donde niños de delgadez extrema pedían limosna. Yo estaba muy consciente del profundo contraste entre su deplorable perspectiva del mundo y la mía. Los barrios bajos de Acapulco parecían más bonitos cuando los veíamos desde el balcón de nuestro hotel, donde su opresiva pobreza se bañaba en el resplandor de un impresionante ocaso.

Al principio, me resultó extraño ir a una de aquellas excursiones sin que alguno de los novios de papá viniera con nosotros; sin embargo, además de los encuentros espontáneos con algunos desconocidos, la realidad era que papá había planeado reunirse con un hombre de negocios bastante próspero para consumar un trato de bienes raíces con un poco de sexo recreativo. Mientras esperaba una importantísima llamada telefónica matutina de su hombre, la secadora de cabello y la radio estaban encendidas a su máximo volumen y no nos permitieron oír los dos primeros timbrazos. Cuando levanté el auricular y le pedí al hombre que subiera la voz para poder escucharlo, éste cortó la comunicación de inmediato. La reunión nunca se materializó. Papá estaba tan enfadado que me hizo sentir que yo había arruinado todo el viaje para él y supongo que así fue.

De pronto, papá salió furioso, vestido sólo con su traje de baño, y se dirigió hacia las rocas, adonde dijo que no quería que lo siguiéramos. Ya habíamos observado que otros hombres trepaban por esas rocas en pares y en grupos pequeños, lo cual nos dio algunas pisas de que él iría a ligar allí. Habíamos presenciado ese patrón en numerosas ocasiones: cuando las cosas no resultaban exactamente como las planeaba, papá ahogaba sus frustraciones con una ronda de ligue. Cuando regresó, tres días enteros después, papá nos compensó a mis hermanos y a mí con dinero para visitar algunas discotecas en nuestra última noche en Acapulco, mientras él verificaba si en el centro no quedaba alguna conquista callejera con quien aún no se hubiera liado. Mamá se quedó en su habitación del hotel, sola.

Cuando regresamos a Toronto, Bryan y yo volvimos a pasar mucho tiempo juntos y llegamos a un punto en el cual yo no podía imaginar mi vida sin él. De alguna manera, yo dependía de que él fuera casi un padre para mí y nuestra relación era similar, en ciertos aspectos, a la controladora relación entre papá y yo. Bryan me decía cómo debía vestirme, dónde nos reuniríamos y adónde iríamos, y yo, en términos básicos, obedecía gracias a una conformidad largamente asumida desde temprana edad. Aunque honró su promesa de nunca forzarme al sexo y su presencia desalentó a otros con intenciones de hacerme ese tipo de propuestas, en muchos aspectos yo todavía no encontraba mi propia voz. Al salir de la escuela, Bryan siempre estaba allí. No había forma de evitarlo, incluso si yo lo deseaba y estoy muy segura de que a veces así fue. Durante la primavera y el verano, lo acompañé a visitar a su abuela, quien agonizaba, y descubrí que no podía sobrellevar el peso de la pena en la familia de Bryan. Todos habían adorado a esa mujer y, cuando por fin murió, yo sentí que necesitaba un poco de espacio para respirar al descubrir que el dolor de esa familia era demasiado para mí.

La semana de su fallecimiento, fui a la alberca con Barry, el campeón en salto con garrocha que había sido objeto de los coqueteos de papá y de Ron. Yo no tenía intenciones románticas, por lo que no me pareció que estuviera mal. Mi relación con Barry era fraternal. Él nunca me tocó ni me expresó intereses románticos o sexuales. De hecho, Thomas me expresó que Barry se cuestionaba su sexualidad y sugirió que quizá papá le había coqueteado de modo aleatorio, pero que había recibido las señales pertinentes con su "radar homosexual". Bryan nos vio a Barry y a mí en la alberca y se sintió muy celoso, herido y furioso conmigo. Asumió lo peor y de inmediato declaró que nuestra relación había terminado para siempre. Yo estaba de acuerdo con esa decisión, aunque sólo pasó un par de meses antes de que volviéramos a estar juntos. Fue cruel vivir esa primera y temporal separación con Bryan precisamente cuando su abuela murió, pero yo no estaba lista para el tipo de compromiso que él deseaba y además sabía que, en realidad, no lo amaba. En el fondo de mi corazón, estaba consciente de que usaba a Bryan para satisfacer algunas necesidades pendientes y me inquietaba cuánto me recordaba aquello a la manera en que papá trataba a otras personas.

Cuando sabíamos que papá pasaría la noche fuera, Barry empezó a quedarse a dormir en nuestra casa algunas noches entre semana, durante algunos meses. Él estaba allí, cuando menos en parte, para escapar de su controlador y abusivo padre. En un arreglo que era similar a lo que habíamos presenciado con papá y su colección de distintos compañeros masculinos de vivienda, Thomas y Barry comenzaron a experimentar con la sexualidad. Papá se enteró de ello y no lo aprobó, aunque en esa época no mencionó nada a Thomas. Varios años más tarde, mientras conversaba al respecto con Scott, papá explicó que no quería que sus hijos vivieran su mismo estilo de vida tan precario. Con el tiempo, tanto Thomas como Barry llegaron a desear tener relaciones heterosexuales, aunque pienso que Thomas luchó con su sexualidad durante muchos años.

Y luego estaba mamá, cuya vida parecía deslizarse a un profundo pantano de caos y dolor. Con la intención de aliviar su terrible soledad, ella se deslizó en mi cama cierta noche e intentó abrazarme, lo cual no pude manejar muy bien. Me puse rígida y le dije, en términos que no dejaron espacio a la duda, que saliera de mi cama y de mi habitación de inmediato, pues no me sentía cómoda con esa situación. Ella se marchó, aunque resultó obvio que el incidente la había herido. Me temo que no me importó mucho. Mi paz mental era más importante.

En su búsqueda de ese tipo de solaz, mamá llevó el incesto emocional que había regido nuestras vidas a un nuevo nivel. Sus ojos siempre mostraban necesidad y mirarlos nunca era cómodo para un menor. Ella buscaba en mí la satisfacción de las necesidades que papá no había cumplido. Ella no debió invertir infinitas horas en catalogar conmigo sus penas o en contarme lo que papá decía o hacía y sus reacciones al respecto. Existen ciertas áreas en la vida de los padres que, por instinto (y por salud), los hijos no quieren conocer. Al saber demasiadas cosas que no podía resolver, de algún modo, me sentía responsable de ayudarla a superar sus conflictos. Tras buscar una manera fácil de evitarla con la menor inversión emocional posible, yo intentaba sobornarla y gastaba el dinero ganado como niñera para comprarle regalos sorpresa, aunque eso no sirvió de nada para aliviar su sufrimiento.

Con frecuencia, se sentía tan exhausta por el trabajo y por la carga de ser casi una madre soltera, que no estaba disponible para mí como madre. Dado que mis hermanos nunca parecían estar presentes, ella siempre me interrumpía, me pedía que bajara para lavar los trastes, para ayudarla con la cena, para doblar la ropa limpia o para cualquier otra cosa que se le ocurriera. Debido a que yo tomaba más clases de matemáticas y de ciencias e intentaba mejorar mis calificaciones en la escuela, por lo regular tenía más tarea escolar y más exámenes para los cuales debía estudiar. Ella no apreciaba mi necesidad de estudio y llegué a sentir verdadero resentimiento en su presencia.

Cierta tarde, mientras estudiaba para un examen que sería al día siguiente, fui a la habitación de mamá poco después de que ella llegara del trabajo y la encontré sentada en su cama, desnuda. Parecía desorientada y casi no me reconoció. Tenía la mirada fija, la boca seca y la piel sudorosa a causa de una severa reacción diabética a la insulina. Debido al creciente estrés en nuestra casa, esas reacciones se hacían cada vez más frecuentes..., a veces hasta cuatro por semana. Ella no podía hablar y sólo balbuceaba incomprensibles palabras hacia mí. A pesar de que le preparé una combinación de jugo de naranja y azúcar, no pude lograr que la bebiera. De pronto, en un brote de ira, ella arrojó lejos el vaso y se puso muy violenta e incontrolable. Movía los brazos hacia todas direcciones y también pateaba. Llamé a nuestro médico familiar con voz histérica y él respondió que llegaría pronto. Cuando regresé a su habitación, ella había recuperado la docilidad y no pareció saber quién era yo. Logré arrojarle encima una bata de casa cuando llegó el médico y consiguió que ella bebiera el jugo antes de marcharse. Tuve que ir a ver si estaba bien a intervalos regulares y, aunque trascurrió el resto de la noche sin incidentes adicionales, mi concentración para el estudio fue todo menos aguda.

Como si mamá no tuviera suficientes dificultades, luego se halló un bulto en el pecho y la programaron para cirugía. Yo me sentía nerviosa por ella, pero no podía hacer gran cosa para aliviar sus temores. Durante muchas noches, ella purgó sus sentimientos y lloró a solas en su habitación. Desde luego, papá nunca expresó preocupación alguna por ella a lo largo de esa incierta temporada. La biopsia reveló que ella tenía un tumor benigno de seno y al poco tiempo me mostró las cicatrices por donde los médicos habían extraído la biopsia.

La desesperación de mamá me resultó por completo evidente cuando su madre murió y viajamos en familia a Belleville para asistir a su funeral. En la habitación del hotel, un par de horas antes del servicio fúnebre, papá se recostó en posición fetal sobre la cama gemela y mamá trepó sobre su cuerpo. Ella intentaba abrazarlo, pero fue rechazada con total frialdad. A continuación, se recostó frente a papá y asumió la misma postura. Ella le solicitó una y otra vez que la abrazara, entre sollozos de necesidad de simple e inocente contacto humano durante unos instantes para que aliviara su dolor.

Con un tono de voz suave, aunque firme, papá se rehusó a su solicitud: "No, Judith. No hagas esto. Déjame en paz", le señaló.

Él permaneció detrás de ella y ella insistió: "Por el amor de Dios, Frank, sólo abrázame, por favor".

Era demasiado pedir. Los brazos de papá permanecieron rígidos en sus costados.

Sin respuestas fáciles

Yo no había asistido a la iglesia desde que tenía doce años de edad. Estaba enojada con Dios por todo lo que había estado mal en mi vida y por ponerme al cuidado de una familia estropeada. Durante más de cinco años, básicamente, fui incapaz de confiar en Él. Con mi masculino corte de cabello al estilo punk-rock pensaba que, al portar una armadura varonil de fría indiferencia, podría mantener a todo el mundo a distancia, incluso a Dios. Pero no funcionó. Con el tiempo, supe que deseaba a Dios de regreso en mi vida...; sólo que no sabía cómo hacerlo.

En fechas recientes, Thomas había tramitado su licencia de manejo y llegó a un acuerdo con mamá para comprar un lujoso Monte Carlo. Desde el centro de nuestro enclave judío, era necesario un trayecto en automóvil de cuarenta y cinco minutos a la iglesia más cercana con cualquier clase de programa para jóvenes. Mamá y Thomas quisieron probar en la catedral de Queensway, en Etobicoke, y yo decidí ir con ellos sólo para averiguar cómo era. A todos nos agradó lo que vimos y comenzamos a realizar los traslados regulares un par de veces por semana para asistir a los programas y servicios religiosos con la esperanza de convertirnos pronto en miembros de la iglesia. No había pasado mucho tiempo desde que principiamos a asistir cuando me di cuenta de lo que me había hecho falta y, de manera impulsiva, volví a comprometer mi vida a Jesucristo.

En una ceremonia de ofrenda en el programa para universitarios y carreras, un viernes por la noche, yo levanté los brazos para rendirme a Él y le pedí su ayuda para tomar decisiones correctas. Mi cuerpo se estremecía mientras yo musitaba plegarias sencillas desde el corazón con lágrimas que rodaban por mis mejillas. Nadie conocía las dolorosas heridas de mi corazón. Ni siquiera yo podía comprenderlas por completo, en particular aquellas relacionadas con mi infancia. Yo había intentado conversar con el pastor de Queensway un par de semanas antes, mas no pude confiar en él lo suficiente como para compartir detalles acerca de mi situación familiar. Aquella noche, podría decirse que me lo salté y entregué mis problemas a Dios en forma directa.

Pensé en el ensayo de duodécimo grado que había escrito ese año para la clase de inglés sobre el libro de Job, del Antiguo Testamento. Job era un hombre piadoso que nunca obtuvo respuestas fáciles o inmediatas de Dios en cuanto al motivo por el cual debía sufrir tanto. En lugar de ello, Dios lo bombardeó con algunos vistazos, tan veloces y brillantes como relámpagos, que iluminaron propósitos mucho mayores y un plan que superaba por mucho la comprensión de Job.

Bueno, yo tampoco recibía alguna respuesta fácil; sin embargo, con ese olvidado remanente de fe infantil que aún conservaba, empecé a percibir un posible vínculo entre ésta y mi sufrimiento. Me sentía aislada y rota, además de que aún no comprendía bien mi identidad en Cristo. No había garantía de un camino cómodo frente a mí, aunque esa noche mi futuro quedó resguardado en las manos de Dios. Elegí caminar en la fe en medio del sufrimiento y creí que la redención de Dios podría brindarme la fortaleza y la paciencia que requería para sobrevivir.

Fue necesario alrededor de un año y medio para poder ordenar mi vida. Poco a poco, absorbí un poco de pedagogía teológica básica y, muy despacio, reuní el valor para liberarme de algunos lugares adonde solía ir y de algunas personas con quienes solía juntarme. Fue un proceso muy tortuoso y errático, pero eso Dios ya lo sabía. Algunas personas iban a sentirse muy lastimadas por el hecho de que yo había elegido seguir el camino de Cristo; Bryan en particular. Yo sabía que no debíamos permanecer juntos porque teníamos diferentes puntos de vista sobre Dios.

Bryan había sido un puerto seguro y confiable para mí. Con el paso del tiempo, se había vuelto fácil efectuar algunas actividades sexuales con Bryan sin pensar en las consecuencias o en quién resultaba herido. Noté que, a últimas fechas, yo me sentía más deprimida y moralmente débil siempre que Bryan y yo estábamos juntos y que yo participaba en más actividades sexuales para adormecer mi dolor. Por fortuna, Dios no teme entrar a los lugares sucios de nuestra vida y ayudarnos a limpiar algunas habitaciones, incluso si ello toma tiempo. Cristo me dio el valor para escapar de una situación de dominio que me jalaba hacia abajo. Sin conocer el verdadero significado del amor, yo había estado con Bryan durante casi cuatro años. El hecho de entregar mi vida a Cristo no significaba que no cometería más errores o que en ocasiones no resbalaría y caería. La gran diferencia era que ahora yo seguía a Cristo no porque otras personas me lo ordenaran, sino porque así lo deseaba.

Un día, tras haber dado esos primeros pasos, miré hacia el exterior de la ventana de mi habitación, con la mente en blanco, y de pronto me inundó la confusión y la ira. "¿Por qué, Dios? —pregunté—. ¿Por qué crecí en esta familia? No comprendo." Busqué mi Biblia King James y la abrí al azar para averiguar si Él me daría alguna respuesta. Mis ojos cayeron en Isaías 55:7-9. Dios no me diría el porqué en ese momento de mi vida. En lugar de ello, como en sus abrumadoras no-respuestas a las plegarias de Job, Dios me señaló que sus pensamientos y designios son mucho más altos que los míos.

Isaías 55:7-9 dice: "Abandone el impío su camino y el hombre inicuo sus pensamientos y vuélvase al Señor, pues Él lo perdonará en abundancia. 'Mis pensamientos no son vuestros pensamientos, ni vuestros caminos son los míos [dice el Señor]. Pues así como los cielos son más altos que la tierra, mis caminos son más altos que los vuestros y mis pensamientos más altos que los vuestros'". El versículo 11 expone: "Así será mi palabra que sale de mi boca: no volverá a mí vacía sino que habrá cumplido lo que Yo deseo y habrá logrado el propósito para el cual la envié".

Sentí consuelo con estas palabras y las acepté como su respuesta en la fe para mí en ese momento de mi vida. Un par de semanas más tarde, fui fortale-cida de manera similar por Génesis 12:1 (NIV), que apunta: "El Señor ha dicho a Abram: 'Deja tu país, tu gente y el hogar de tu padre y ve a la tierra que Yo te mostraré'".

Una mañana, mientras mamá se preparaba para partir a trabajar, le men-cioné ese versículo. Ella respondió: "Thomas y yo recibimos la misma Escritura del Señor la semana pasada". El hecho de que Dios nos hablara a los tres a par-tir de un mismo pasaje de las Escrituras fue una confirmación para mí.

Me confundía un poco la importancia continua que mamá otorgaba a las Escrituras al tiempo que soportaba una situación familiar tan contraria a los preceptos cristianos, pero me abstuve de emitir juicios. Me di cuenta de que cualquier persona que observara desde el exterior podría decir algo semejante sobre mí. En forma intermitente, ella intentaba aferrarse a la fe de su infancia, mas carecía de la fortaleza o del carácter para comprometerse con ésta de modo absoluto. Mi propia situación no era muy distinta.

Comencé a darme cuenta, al nivel más profundo, de que papá nunca sería capaz de llenar ese vacío en mi interior. Sólo Dios podía hacerlo. Aún no apre-ciaba por completo lo que ese pasaje de las Escrituras significaba para mí a nivel personal. Haría falta un par de años más para que yo comprendiera que debía confiar en la palabra de Dios. La separación geográfica de mi familia, es decir, dejar la casa de mi padre, era esencial para que yo desarrollara mi propia iden-tidad como persona, para hacer las paces con mi pasado, para experimentar el toque sanador de Dios y para descubrir sus propósitos para mi vida.

Mamá había tenido mucha razón al temer la reacción de papá a sus intentos de divorciarse. Él recibió la noticia por medio de una carta en la cual se le notificaba que mamá visitaba a un abogado para asesorarse sobre los procedimientos de la separación legal. Él no quería divorciarse. Él quería que la situación continuara tal como había sido a lo largo de todo su matrimonio. Yo estaba en la cocina y me preparaba un bocadillo para comer cuando escuché gritar a mamá y, luego, un fuerte y ominoso golpe: papá la había arrojado a través de la habitación. El ruido fue tan terrible que temí ir a averiguar si ella estaba bien. En lugar de ello, corrí al exterior de la casa tan rápido como pude.

En la pequeña tienda de víveres al final de la calle, llamé a la madre de Bryan, quien me indicó que fuera para allá mientras ella llamaba a la policía y la enviaba a nuestra casa. Más tarde, despacharon un automóvil a recogerme en el apartamento de Bryan. Scott sollozaba en el asiento trasero y me comentó que, después de mi partida, papá había perseguido a mamá con un cuchillo. En casa, mamá se negó a presentar cargos por temor a que papá hiciera algo peor. Posteriormente, acudió a un médico con quejas de dolor y supo que tenía hematomas en diversas partes del cuerpo, incluso en las costillas. Cuando el médico preguntó la causa de sus heridas, mamá mintió y dijo que se había caído de las escaleras.

A medida que pasaron los días, ocurrieron dos incidentes mientras yo no estaba en casa. Una vez, él la empujó hacia el fondo de la bañera y, en otra ocasión, la embistió de nuevo con un cuchillo. Ella resultó herida del incidente en la bañera, incluso costillas fracturadas. De acuerdo con el médico, ella tuvo suerte de no haberse perforado un pulmón con alguna astilla de hueso. Una vez más, ella temió contarle al médico lo que en realidad había sucedido.

A continuación, papá amenazó a sus hijos. Teníamos claro que papá deseaba que Thomas y yo asistiéramos a la Universidad de Toronto, a pesar de que nuestras calificaciones no eran, por mucho, lo bastante buenas para que nos admitieran en una institución tan prestigiosa. Además, el interés de papá en nuestro progreso escolar había sido mínimo hasta el momento. Thomas y yo, por nuestra parte, habíamos urdido una estrategia no muy bien planeada para inscribirnos en la Universidad McMaster, situada en la cercana ciudad de Hamilton. Lo cierto es que nuestras calificaciones eran más apropiadas para McMaster y, si conseguíamos ser aceptados allí, también disfrutaríamos del inestimable premio adicional de salir del ambiente de nuestro hogar. No obstante, el dinero era un problema: no teníamos nada y sabíamos que no era probable que papá gastara un centavo en cualquier tipo de acuerdo que nos alejara de su rango de control cotidiano.

Sin dejarnos vencer por esos contratiempos, Thomas y yo fuimos en secreto a Hamilton cierto viernes para ver dormitorios y apartamentos residenciales opcionales cerca de McMaster. Regresamos a casa a tiempo para que Thomas se comiera un emparedado y se cambiara de ropa para cumplir su turno como mesero en un restaurante. Poco después, papá llegó a su residencia de fin de semana en nuestra casa y parecía estar listo para el ataque, bastante enfadado. Me llamó a la sala, donde se sentó en el sillón a rayas, junto al ventanal donde colocaba sus plantas tropicales para que recibieran los rayos del sol durante el día. "Quiero tener una conversación contigo, Dawn —manifestó con tono iracundo; casi parecía un poseso—. ¿Dónde han estado Thomas y tú el día de hoy?"

¿Cómo era posible que estuviera enterado de nuestra pequeña huída? ¿Acaso estaban intervenidos los teléfonos en esa casa? Al imaginar que él ya sabía demasiado, no hallé motivo alguno para dar respuestas vagas o improvisadas, por lo que le expliqué con toda precisión dónde habíamos estado y lo que habíamos hecho. Él transformó mis palabras en combustible para un incendio que ya ardía. "Ustedes no irán a la universidad en Hamilton —chilló—. Y si tú y Thomas vuelven a hacer una cosa así, voy a hacer que sangren."

Yo me quedé allí de pie, aterrorizada y transfigurada, incapaz de articular cualquier tipo de respuesta a su amenaza que aumentara su cólera; sin embargo, de alguna manera, bajé los ojos de su malévola mirada y salí de la sala en silencio.

Aquella noche, me fui a la cama agonizante de terror; no pude dormir y sólo deseaba marcharme, pero estaba demasiado atemorizada como para moverme. Una vez que supuse que todos estaban dormidos, me deslicé fuera de la cama y me vestí. Yo sabía que los pulidos escalones de roble crujirían y era probable que alertaran a papá si yo intentaba correr a la puerta, escaleras abajo. Entonces, opté por el escondite de los niños aterrorizados en todo el mundo y me dirigí hacia el baño del segundo piso. Ya en el interior, coloqué la cómoda debajo del pomo de la puerta para impedir que alguien entrara.

Thomas regresó a casa de su trabajo poco después de la medianoche para encontrarme ahogada en llanto y estremecida en el compartimiento de la ducha. Le permití entrar al baño y le mencioné que papá había amenazado nuestra vida. Él me consoló durante un par de minutos. El hecho de tenerlo conmigo me ayudó a liberarme de lo peor de mi trémulo terror. Él llamó al servicio de emergencias, luego despertó a mamá y todos esperamos en la planta baja a la policía. Cuando llegó el oficial, subió al segundo piso y gritó hacia el ático que papá bajara. Él no bajó de inmediato, pero escuchamos su voz, aún pastosa por los efectos de los somníferos, afirmar que no bajaría. El oficial nos sugirió con firmeza que debíamos reunir nuestras pertenencias y salir de la casa. Luego, preguntó a mamá si estaba preparada para presentar cargos y ella dudó y tartamudeó, pero, en última instancia, decidió no hacerlo. Si ella lo hacía, papá sería llevado a la cárcel por una noche; no obstante, ella sabía que él no permitiría que ese acto de traición, como él lo consideraría, no mereciera una venganza.

En ese caso, declaró el oficial, no podía hacer mucho más salvo asegurarse de que fuéramos escoltados a salvo fuera de la propiedad. Hicimos una llamada a altas horas a una de las amigas de mamá, quien dijo que nos recibiría para pasar la noche. Reunimos nuestras pertenencias, incluso los documentos legales de mamá relacionados con la separación, y nos condujeron a nuestro santuario temporal, junto al vacilante esposo de su amiga.

Nos quedamos allá a dormir esa noche y regresamos el sábado, cuando papá había partido para volver a su propio apartamento. Thomas se aseguró de que no había moros en la costa con numerosas llamadas telefónicas y tras revisar la casa con toda atención antes de que pudiéramos entrar. Mamá contrató un investigador privado y guardaespaldas quien seguía los pasos de papá y nos informaba cuando éste estaba en su oficina, en su residencia del centro o de camino a nuestra casa. El investigador estaba con nosotros cuando papá regresó el fin de semana siguiente con Ron. Se puso furioso al descubrir que habíamos cambiado todas las chapas de la casa y que no le permitíamos entrar. Papá se aproximó a la ventana trasera de la cocina, donde nos vio reunidos en el rincón del área del desayunador. Gritó blasfemias, nos amenazó y llamó idiota al investigador. Éste replicó con un tono de voz sin inflexiones que calmó a papá durante un momento, para reafirmar el derecho de mamá a la seguridad y la protección. Pronto, mis padres llegaron a un acuerdo legal en el cual papá tenía permitido venir por algunos fines de semana durante el verano para reunir sus pertenencias. Asimismo, el acuerdo garantizaba que, cuando menos por el momento, él continuaría a cargo de los onerosos pagos de la hipoteca que mamá nunca podría pagar por su cuenta.

En nuestro decimoctavo cumpleaños, tanto nuestro hogar como mi hermano gemelo comenzaron a colapsarse. Él se había vuelto demasiado aislado, en términos sociales, luego de que una chica que en verdad le agradaba había roto relaciones con él. Deprimido y sin poder dormir bien, Thomas obtuvo una receta médica para comprar somníferos, cuyo resultado fue que, excepto para presentarse a cubrir sus turnos en el restaurante, pasaba la mayor parte de su tiempo en la cama. Cuando no dormía, su estado de ánimo era ofensivo y arisco, listo para atacar a quien fuera que provocara su irritación.

Thomas tuvo una fuerte pelea a gritos con papá cierta tarde sobre el padre miserable que había sido para todos nosotros, más preocupado por sus sórdidos coqueteos con sus amantes varones que en procurar el bien para su propia sangre y carne. No había pasado ni una hora; yo estaba de pie en la cocina y contemplaba el paisaje a través de la ventana trasera cuando vi que Thomas perseguía a Scott con un afilado cuchillo. Thomas se las arregló para herir a Scott en la pierna y éste entró a la carrera, muy necesitado de recibir primeros auxilios. Papá entró durante un instante a la cocina y atendió la pierna de Scott. Sin importarnos el desarrollo de los acontecimientos de aquel día, mamá y yo fuimos a visitar a su mejor amiga para escapar de papá y de mis trastornados hermanos. Habíamos estado en su casa durante un par de horas cuando nos enteramos de que los sucesos en nuestro hogar se habían salido de control por completo. Yo estaba sentada frente al piano. Leía y tocaba diferentes selecciones de algunos libros musicales cuando mamá recibió una llamada telefónica.

Más allá de cualquier consuelo, Thomas había corrido escaleras arriba, furioso, hasta su habitación y había cerrado su puerta para después empujar la cómoda contra ésta para que nadie pudiera entrar. A continuación, procedió a tragarse hasta la última pastilla para dormir que pudo encontrar. Al sentir que Thomas estaba demasiado silencioso, papá revisó la puerta de la habitación y descubrió que no podía abrirla. Con voz baja primero y luego con más y más fuerza, papá llamó a Thomas, quien no respondía. Papá llamó al servicio de emergencias para solicitar ayuda y fue necesario que llegaran equipos de bomberos y de ambulancia para retirar las bisagras de la puerta y empujar a un lado la cómoda. Para entonces, Thomas había caído en un sueño profundo, peligroso, pesado y drogado. Lo trasladaron inconsciente al hospital y le practicaron un lavado estomacal, pero su sistema ya había absorbido gran parte de la droga y el médico no sabía si Thomas sobreviviría.

En el hospital, papá caminó de un lado al otro con el rostro demacrado y ceniciento. Yo no lo había visto tan alterado desde aquel incidente con Skipper en Florida. Había perdido cuando menos a dos amantes a causa del suicidio y le aterraba la idea de que Thomas también muriera. No me permitieron ver a Thomas de inmediato. Los médicos esperaban para ver cómo evolucionaba. Cuando por fin comenzó a recuperar la conciencia, mi hermano cayó hasta las profundidades de su ira a causa de papá. Era casi como si las drogas actuaran como un suero de la verdad: Thomas anunció a todo aquel que pudiera escucharlo que papá era un maricón y que lo odiaba. Papá se marchó al instante, temeroso y avergonzado. Él había movido montañas para salvar la vida de su hijo y su rabia e ingratitud era todo lo que recibía como agradecimiento. Los médicos se esforzaron por calmar a Thomas y por mantenerlo despierto hasta que eliminara las drogas. Un psiquiatra nos advirtió que la memoria de Thomas podría quedar dañada debido a la sobredosis. Lo mantuvieron en el hospital bajo observación durante algunos días y luego lo dieron de alta.

Un par de semanas más tarde, Thomas consiguió un empleo como chofer en un hotel en el Oeste y se marchó de la casa. Ésta fue otra manera menos letal de escapar de la situación de nuestro hogar. No sabíamos si volvería.

El invierno estaba por llegar cuando Thomas regresó, transformado de una forma muy significativa. Había ganado buen dinero con las propinas en su empleo como chofer. Con su recién descubierta confianza en sí mismo como recurso, Thomas planeaba ganar suficiente dinero para mantenerse a sí mismo y mudarse de nuestra casa para siempre. Con la amplificada visión del mundo que había obtenido de sus viajes, mi hermano principió a relacionarse con personas influyentes. Thomas estructuró algunas metas de vida y se propuso asistir a la universidad. Estaba determinado a demostrar a papá que podía tener éxito sin él.

Unos días después de la partida de Thomas, Scott también se marchó, a pesar de sólo tener quince años de edad. En esta ocasión, una discusión con mamá precipitó su éxodo. Él y mamá se gritaban uno al otro acerca de seguir las reglas cuando Scott salió por la puerta frontal. En un intento por detenerlo, mamá lo sujetó por el collar de cuentas blancas que rodeaba el cuello de Scott y éste se rompió: docenas de cuentas de plástico rebotaron sobre el porche de concreto color gris. Me pareció una perfecta analogía visual de la destrucción de nuestro hogar. Entre lágrimas y gritos, él corrió por la calle y juró que nunca volvería. Yo no corrí tras él. ¿Qué podía hacer para impedir lo que ya anidaba en su corazón, tras años de necesidades insatisfechas y negligencia? Él era inteligente y tenía instinto de supervivencia. Pese a lo joven que era, yo no estaba convencida de que la calle representara una amenaza mayor para su desarrollo que nuestro tóxico hogar.

Me reuní con Scott más o menos un año más tarde y lo tenté con una comida caliente en un restaurante en la calle principal, muy cerca de nuestra casa. Intenté ofrecerle todo el solaz y el amor que me fue posible durante las pocas horas que estuvimos juntos. Le prometí que siempre estaría disponible si él necesitaba alguien con quien hablar. Después, fui a visitarlo a la casa donde se hospedaba con una chica que se prostituía para ganar dinero adicional. El sitio era una pocilga y él dormía en un roído colchón sobre el suelo. Scott se esforzaba un poco para organizar su vida. Aún bebía bastante, pero, cuando tuvo drogas a su libre disposición, cuando menos tuvo la fortaleza suficiente para permanecer lejos de las más duras. Tampoco frecuentaba a la peor gente. Yo lamenté mucho su fortuna. Scott no había recibido nada. Después de todo, creo que su infancia fue la más miserable, la más carente de cuidados y la más breve. Thomas y yo éramos tres años mayores que él y tal parecía que teníamos mejores capacidades de resistencia. Además, lo usual era que contáramos el uno con el otro para proveernos apoyo fraternal de una forma que Scott nunca había conocido.

De modo que mamá y yo nos quedamos solas en la casa mientras aquel enloquecedor verano llegaba a su fin. Nosotras éramos las únicas que aún no huíamos, mas todavía nos restaban algunas batallas por librar con papá.

Dos días antes de que yo iniciara mis clases en la Universidad York, papá llegó a la casa con Ron para llevarse algunos artículos de plata y otras posesiones que él creía suyas. Cuando empezó a empacar los trastes blancos de uso diario y algunos utensilios para comer, yo reaccioné. Él no necesitaba esas cosas. Él y Ron contaban con montones de utensilios de cocina y de comedor en su apartamento. ¿Y qué esperaba que utilizáramos nosotras luego de que se llevara nuestra vajilla y cubertería de todos los días? ¿Nuestros regazos y nuestros dedos? Enfurecida, lo llamé "homosexual", un término que papá no deseaba escuchar, y se enfadó tanto que me golpeó en el oído al dirigirse hacia la puerta.

Mis dos padres habían acudido a psiquiatras durante años. Papá había visitado a un singular loquero de criterio amplio que lo había instado a explorar cada faceta de su sexualidad y que nunca pareció exigirle una responsabilidad conductual apropiada en relación con sus hijos. Tampoco pienso que mamá haya sido por completo honesta con el suyo, pero cuando menos éste la motivó a intentar encontrar ayuda para nosotros; de modo que, a principios de aquel otoño, mamá programó una cita única con otro psiquiatra, un loquero de hospital que no sabía nada en absoluto acerca de alguno de nosotros.

En un principio, el plan era que Thomas, Scott y yo nos reuniéramos con ese psiquiatra; no obstante, cuando el calendario por fin señaló nuestra cita, yo era la única hija que aún no había renunciado al hogar ancestral. Por tanto, me senté en una silla junto a mamá en aquella gran sala para terapia grupal mientras el despistado médico de la mente formuló algunas preguntas abiertas acerca de mis sentimientos. Yo no tenía confianza alguna en ese proceso y me sentía demasiado furiosa como para responder pues sabía que el pobre hombre no tenía idea de la insondable profundidad de la perversidad y la violencia que habían contaminado mi hogar de la niñez. No era justo para él que yo sintiera que aquello era una pérdida de tiempo. Yo sólo había asistido para complacer a mamá y sabía que no contaríamos con suficiente tiempo o cobertura en ese único y limitado encuentro para llegar a la raíz de nada.

Tras una hora de anotar mis inútiles y monosilábicas respuestas en su carpeta tamaño legal, el terapeuta resumió la situación lo mejor que pudo. Su veredicto fue que todos los miembros de nuestra familia debíamos intentar reunirnos de vez en cuando para averiguar si podíamos hallar alguna manera de resolver nuestros problemas.

Yo no supe si reír o llorar. Una parte de mí deseaba ponerse de pie, estrechar su mano y exclamar: "Sí, mi buen doctor, ¡eso es! Si Sigmund Freud pudiera estar aquí ahora y escuchar su perceptivo diagnóstico, le aseguro que lloraría de envidia".

Desde luego, no dije tal cosa. Desde luego, nuestra familia no sostuvo dicha conversación. Desde luego, nunca más volví a ver a ese psiquiatra.

La siguiente en derrumbarse sería mamá. Su colapso ocurrió a causa de las tensiones y las presiones sostenidas mientras intentaba ganar la separación legal de papá. Sendos abogados de mamá y papá parecían haber establecido una especie de alianza y hacían acuerdos que beneficiaban a papá y le permitían ganar tiempo, mientras enviaban facturas de quince mil dólares por costos legales a ella. Papá parecía escuchar nuestras conversaciones telefónicas. Sentíamos que debía haber aparatos de escucha en nuestros teléfonos y en la casa; incluso, nos preguntamos si nos seguían detectives privados. Algunos automóviles con ventanillas polarizadas se estacionaban frente a nuestra casa, cerca del final de la calle, durante horas. Me aterrorizaba que alguien se metiera a la casa y, con frecuencia, bajaba a la planta principal para asegurarme de nuevo de que las puertas estuvieran cerradas con llave y de que las ventanas estuvieran selladas. Papá envió cartas viles y amenazantes a dos de las más antiguas amigas de mamá de la infancia y, en efecto, logró poner fin a esas relaciones. Él no quería que ella contara con el apoyo de nadie, en términos emocionales o financieros, y no parecía molestarle que, de sus empleados, el consultor de menor sueldo ganara 200 mil dólares al año mientras la madre de sus hijos apenas podía sobrevivir.

Con el tiempo, mamá no pudo trabajar durante varios meses, cuando sus reacciones a la insulina se convirtieron en sucesos casi cotidianos. En ocasiones, yo entraba a su habitación y la hallaba bañada en llanto mientras intentaba aplicarse algo de maquillaje y a menudo me pedía que la ayudara. Resultaba bastante complicado aplicar tres capas de sombra Estee Lauder en sus llorosos párpados. Su cama se quedaba desarreglada durante todo el día. Había prendas de ropa por todas partes y los cajones y armarios eran un desorden, a menos que yo los organizara.

Cierta tarde, la hermana y el cuñado de mamá la encontraron caminando sin rumbo a lo largo de la avenida principal, al final de nuestra calle. Temía mucho por su vida y no sabía si debía obedecer cada palabra de papá o arriesgarse a afrontar las consecuencias de separarse de él. Había salido por la puerta aquel día con el plan de escapar a algún lugar más allá de su alcance, pero, apenas después de algunas cuadras en su prácticamente incoherente estado, se había confundido y estaba perdida. Mis tíos la trajeron de regreso y, alarmados por las condiciones tanto de ella como de nuestra casa, nos visitaron con regularidad durante los siguientes meses, con víveres y artículos esenciales para llenar nuestros estantes vacíos. En lugar de galletas, cereal o palomitas de maíz para mordisquear a manera de cena, ahora, para variar, había por fin buena comida.

Cuando mamá comenzó de nuevo a trabajar de medio tiempo, pronto descubrió que su patrón intentaba deshacerse de ella, lo cual le provocó un sentimiento de inseguridad aún más profundo. Yo noté que ella dormía más de lo habitual cuando estaba en casa; no obstante, con el tiempo, volvió a trabajar de tiempo completo..., alrededor de seis meses después de su colapso. Lo que la ayudó fue el hecho de que papá apenas había venido a la casa durante alrededor de un año y medio.

Estar con Bryan solía calmarme y ayudarme a olvidar mi dolor, mas ya no era así. Ahora, él también me impedía alcanzar el tipo de vida que yo deseaba.

Nuestra relación parecía condenada; sin embargo, fue en ese punto de nuestra relación, la cual parecía carente de esperanza, cuando yo me volví más experimental en cuanto a la sexualidad con Bryan y le brindé algunos placeres físicos, pero sin llegar a la penetración. Quizás intentaba adormecer mi dolor emocional, pero, al recordar mi reciente compromiso con Cristo, esas experiencias sólo me hacían sentir más culpable y débil. Yo sabía que esa relación con Bryan debía terminar pronto; pese a ello, estaba tan distraída y deprimida por las terribles circunstancias de mi vida que tenía dificultades para reunir la voluntad suficiente incluso para contemplar la posibilidad de un cambio, por no hablar de actuar al respecto.

Alguna especie de distancia de Bryan me hubiera facilitado la separación, pero él siempre estaba allí. Ambos asistíamos a la Universidad York, donde se suponía que yo estudiaba matemáticas y ciencias, y Bryan, geofísica. De manera repetitiva y habitual, yo asistía a las clases, sacudía la cabeza y me percataba de que no había asimilado nada en absoluto de lo que mis profesores decían. Quería escapar de la mortal rutina en la cual se había convertido mi vida y no sabía cómo hacerlo. Casi no comía ni dormía y, por lo común, sentía impulsos suicidas, aunque temía comentarlo con alguien. ¿Cómo se suponía que debía procurarme alguna especie de vida nueva cuando no contaba con medios para mantenerme a mí misma en el mundo exterior?

Tras dos meses de haber iniciado mi educación universitaria, la batalla entre mis padres avanzó a una nueva fase y, de pronto, papá dejó de pagar la hipoteca, los impuestos, los servicios y las facturas del gas. Sin demasiado pesar, dado que, de cualquier modo, mis calificaciones eran una desgracia, abandoné la universidad para ganar algo de dinero destinado a pagar algunas cuentas de la casa. Solicité un empleo de temporada en la tienda de departamentos Simpson's en el centro y lo obtuve. Recibí una semana de entrenamiento en la caja registradora y luego inició mi trabajo en el departamento de bolsos de mano. Nunca hubiera imaginado que el mundo necesitara tantos bolsos marrones y negros. Ese otoño pude dejar algunos cheques en la almohada de mamá para ayudarla a pagar las cuentas.

Luego de recibir el reembolso de mi inscripción a la universidad, por impulso compré dos abrigos largos de invierno para mamá: uno negro y elegante y otro más casual color óxido; además, compré uno barato color gris para mí que ni siquiera me mantenía caliente. En apariencia, yo desarrollaba algo parecido a un insano síndrome de mártir. Yo parecía dispuesta a entregarlo todo, incluso mi vida. Continué con los regalos de dinero y artículos, incluso un estuche de Mary Kay de fragancias, cosméticos y revistas que me costó mil dólares en la primavera de 1982. Yo no sabía que, para entonces, el dinero de la separación había comenzado a llegar por parte de papá a razón de 700 dólares por hijo al mes. Mamá no me informó de ello y, cuando lo descubrí, me sentí usada y decepcionada. Corrí escaleras arriba, hasta su habitación, y escribí "mentirosa" en el espejo de su tocador con lápiz labial color rojo.

Me enfureció que ella me hubiera permitido gastar tanto de mi dinero en ella después de que su crisis monetaria había finalizado. Siempre me sentí pobre a pesar de vivir en aquella costosa casa, en un vecindario de clase alta. Las prioridades de nuestras vidas estaban al revés por completo. Cenábamos palomitas de maíz para ahorrar dinero en comida; no obstante, contratamos a una sirvienta para que viniera una vez por semana para hacer la limpieza. Parte de mi ira se dirigía hacia mí misma por tener las mismas prioridades trastornadas, pues ahorraba dinero necesario para cosas esenciales y lo gastaba en tonterías, como cosméticos. Estaba furiosa conmigo por desperdiciar el dinero, el tiempo y las oportunidades, además de gastar mis neumáticos en un frenesí que quemaba el caucho y causaba humaredas sólo para permanecer en el mismo sitio deplorable.

Terminé mi relación con Bryan en la temporada navideña de ese año. Era la decisión más saludable que había tomado en mucho tiempo, pero lo enfrenté en forma deficiente. Me sentí horrible y muy nerviosa. Se suponía que debía encontrarme con él temprano por la tarde para formalizar la separación, mas me acobardé. En lugar de ello, reuní todos sus libros, playeras y otros objetos que habían pasado a posesión mía durante nuestros cinco años juntos y, con la ayuda de una amiga, llevé todo en automóvil hasta el apartamento de su familia. En silencio, coloqué todas sus cosas en pulcras pilas afuera de su apartamento y me escabullí sin decir una sola palabra a nadie. En definitiva, la manera fue muy pobre. Entonces, alguien llevó todas aquellas cosas al interior y las arrojó al suelo de la sala de estar. Tras asumir que yo había hecho algo tan despreciable, Bryan metió todas mis pertenencias en bolsas para la basura y las arrojó en la acera de nuestra casa. Sin saber por qué esas bolsas estaban allí o cuál era su contenido, los recolectores de basura recogieron todo y lo transportaron en su carro al depósito general.

Fue un final desastroso para una relación que había sido, después de todo, un salvavidas para mí. Yo necesitaba la protección, el afecto y la seguridad de Bryan como la adolescente vulnerable que fui. Cualquier otro chico se hubiera aprovechado de mí. El hecho de tener a Bryan mantuvo a distancia a los pervertidos, aquellos que deseaban utilizarme y destruirme. A pesar de que no fui muy agradecida al final, agradezco hoy la perseverante dedicación de Bryan hacia mí, aun con mis impredecibles estados de ánimo y mi pobre comprensión del amor. Bryan me aceptó como ningún otro chico lo había hecho; además, mis interacciones con su familia me permitieron vislumbrar cómo podía ser una verdadera familia, lo cual era muy necesario para mí.

Alto, moreno y apuesto

Una mañana de aquella primavera, cuando yo tenía toda la casa para mí sola, estaba sentada en los escalones que conducían hacia el ático. La luz del sol brillaba a través de la pequeña ventana octagonal del corredor como una cálida bendición. Como la heroína de alguna novela de Jane Austen, yo principiaba a comprender que el matrimonio era la única opción para mí. Resultaba demasiado costoso vivir por mi cuenta. Sólo contaba con educación hasta bachillerato y la mayoría de los empleos pagaban salarios bajos a las mujeres. Sabía que no estaría en la casa durante mucho tiempo más. Nadie de nosotros. Nuestros días estaban contados en aquella casa no amada y llena de muebles costosos. Éramos arrojados hacia los cuatro vientos y a cada uno nos incumbía hacer lo que pudiéramos para contar con un lugar seguro para aterrizar, vivir y, quizá, florecer.

Salí para dar una corta caminata y aclarar mi mente. Recuerdo haber escuchado en un programa religioso de televisión que una mujer había pedido un marido a Dios y que lo había recibido. Yo era escéptica respecto de su historia, pero no era tan soberbia como para no intentarlo. No pedí dinero, posición ni comodidades. Lo único que necesitaba era un hombre decente que compartiera mi fe y estuviera dispuesto a compartir mi vida. Entonces, recé: "Señor, dame un esposo que sea alto, moreno y apuesto, que no tenga ojos azules ni marrones sino algo intermedio. Quiero que sea cristiano". Yo estaba parada en la vía, cerca del final de la calle, detrás de los escaparates con pisos superiores rentados, y me di cuenta, con una fuerte aceleración en mi corazón, que cada palabra que había murmurado era verdadera.

Alrededor de tres semanas más tarde, conocí a un hombre joven de ojos grises, con antecedentes católicos, llamado Vince. Ambos esperábamos en la parada de autobús, cerca de la catedral Queensway, y ambos nos dirigíamos a un retiro de oración y ayuno con el grupo de universitarios y carreras en la iglesia. Iniciamos una conversación ligera mientras esperábamos que el autobús nos recogiera. Me fascinaron la misteriosa distancia y la gentileza de Vince y le formulé algunas preguntas para saber más sobre él. Vince estudiaba en una escuela teológica y había asistido a esa iglesia durante algunos años.

Cuando llegamos, el pastor dio una breve charla introductoria en el área de la capilla y nos pidió buscar un compañero del mismo sexo con quien orar a partir de ese momento. Vince y yo nos sentamos juntos y, dado que todos los demás ya habían encontrado parejas, él fue mi compañero. Yo hice una oración general para solicitar la voluntad de Dios y dirección en nuestras vidas. Con toda discreción, intenté mirar sus ojos, no azules ni marrones, para intentar hacer una lectura más profunda de su persona y me pregunté por qué lo había conocido de esa forma. Me agradaba y quería conocerlo mejor. Thomas hizo la presentación oficial más tarde, exactamente antes de partir a nuestros respectivos dormitorios para pasar la noche. Vince me dejó una buena impresión, de modo que lo busqué durante el resto del fin de semana, pero no nos conectamos. Ya en casa, mientras lavaba los trastes, mencioné a Vince a mamá y le comenté que deseaba verlo de nuevo.

Unas cuantas semanas después, Thomas conducía hacia una universidad teológica en Petersborough, donde consideraba la posibilidad de tomar algunos cursos relacionados con sus estudios. Mamá iría con él y, a pesar de que yo no sentía el más mínimo interés, ambos insistieron en que debía acompañarlos.

Quizá tenían otros motivos. Yo ocupé mi sitio con mamá en el asiento trasero, recostada contra una almohada debido a mis cólicos menstruales, y Thomas se detuvo para recoger a otro estudiante, quien le daría instrucciones para llegar a la universidad. Con vaguedad, me pregunté quién sería aquel muchacho, aunque en realidad no me importaba, hasta que vi que se trataba de Vince. Apenas había terminado su primer año en el programa de tres años de la universidad para obtener un diploma ministerial y nos ayudaría a llegar, además de mostrarnos el sitio. Lo cierto es que apenas podía verlo desde mi posición semi inclinada en el asiento trasero, pero concentré mi atención para escuchar su serena voz que hablaba sobre evolución, creacionismo, existencialismo y escatología. Intercambiamos puntos de vista al respecto y me impresionaron sus conocimientos sobre la *Biblia*. Unas semanas más tarde, en el programa para universitarios y carreras en la iglesia, Vince se aproximó y me entregó alrededor de una docena de libros para que los revisara, todos tocantes a temas que habíamos discutido aquel día en el automóvil. Me impresionaron sus detallados recuerdos acerca de nuestra conversación y su consideración al llevarme esos libros para prestármelos. Yo los leí todos y se los devolví tras algunas semanas.

Esa misma primavera, Thomas y yo asistimos a una obra de teatro en la catedral Queensway. Al ver a Vince entre la multitud, lo invité a sentarse con nosotros. Durante los meses de verano, pasamos juntos más tiempo luego de varias funciones y servicios religiosos y, posteriormente, íbamos a restaurantes o a mi casa para tomar interminables tazas de café y conversar. Compartíamos una fe común en Dios y un deseo por aprender y crecer. Vince tenía una serenidad y una estabilidad que en verdad me atraían hacia él. Me agradaba el hecho de que nunca introdujera insinuaciones sexuales de algún tipo en nuestras conversaciones. A pesar de que no fue amor a primera vista, pronto nos convertimos en muy buenos amigos y tal parecía que había algo significativo en el modo en que nos encontrábamos una y otra vez siempre que estábamos en la iglesia. Tal parecía que, cada vez que orábamos, nuestras plegarias recibían respuesta.

Rezamos por la paz de Dios para el padre de Vince, quien se había convertido en lo que los católicos llaman "omitido" en su práctica de la fe. Oramos para pedir provisiones para la colegiatura de Vince y que las puertas se abrieran para él en su internado pastoral. Un día, pedí a Dios que me confirmara si Vince era el hombre apropiado para mí y la señal era que tomara mi mano; ese mismo día, Vince me pidió permiso para sujetar mi mano. ¿Por qué sucedían esas cosas? Yo imaginaba que Vince se convertiría algún día en pastor. ¿Existía la posibilidad de que llegáramos a significar más el uno para el otro y de que yo fuera lo bastante buena para ayudarlo en esa misión?

Yo sentía que siempre necesitaba que un novio me brindara cierta medida de protección y seguridad. Mi madre era similar. Ahora que ya estaba separada, aunque no divorciada —harían falta otros seis años para que el divorcio se resolviera—, mamá utilizaba un costoso servicio de citas. Yo consideraba que todos los amigos a quienes llevaba eran desconocidos y no confiaba en ellos dentro de mi casa ni de mi corazón. Esa Navidad, mis hermanos, Vince y yo fuimos a un agradable restaurante para conocer al último novio de mamá, un buen hombre cristiano cuya primera esposa había fallecido poco tiempo atrás. Sus hijos adolescentes también estaban allí, aunque casi no hablamos con ellos o siquiera los miramos durante la cena, excepto para ser cordiales al saludarlos y despedirnos. Resultaba difícil, en medio de tantos temas sin resolver en nuestra propia situación familiar, incluso considerar la posibilidad de aceptar otra figura paterna, sin importar lo agradable y normal que fuera. También, sentí que los hijos de ese hombre no estaban dispuestos a compartir a su padre con nosotros. Puedo comprender por qué el hecho de ser madrastra o padrastro es desafiante, incluso en las mejores situaciones. Pronto, mamá rompió con él y continuó conociendo a otros hombres.

Al poco tiempo, había otro próspero hombre sentado con toda incomodidad en nuestra sala de estar, a la espera de conocerme. Mamá sentía que sus intenciones con ella eran serias y me indicó no mencionar nada acerca de papá ni detalles sobre nuestra situación. En realidad, no me interesaba participar de manera alguna en aquello, pero me puse ropa bonita y bajé a saludar. Pensé que estaba preparada para ser educada, pero, cuando me aproximé a él, no pude evitar espetarle: "Sólo vine a verlo porque mi madre me lo pidió. ¿Cómo le va, señor?"

Yo no podía seguir con esa farsa y, al sentir el muro de resentimiento a través del cual debía abrirse paso para acercarse a mi madre, el hombre abandonó el cortejo en ese instante y nunca más volvimos a saber de él. Lo sorprendente es que mamá no parecía estar molesta conmigo. Tampoco me sentí culpable por arruinar aquel romance. Yo no estaba dispuesta a contribuir y apoyar a mi madre para que engañara a otro hombre respecto de su salud.

Sin malas intenciones por la forma como yo había arruinado sus prospectos románticos, días después, ese mismo verano, la noche previa a que Vince partiera a Petersborough para cursar su segundo año en la universidad, mamá me propuso pedirle su dirección para poder escribirle. Yo corrí detrás de Vince, mientras él caminaba a través del santuario de la iglesia, y lo jalé por un extremo de su saco. Él se volvió, sorprendido, y junto a las puertas del vestíbulo intercambiamos números telefónicos y direcciones. La secreta esperanza de que algo surgiera de esa relación a larga distancia con Vince me mareaba, pero no estaba segura. ¿Seríamos sólo amigos? ¿Lo sería aún luego de haber escuchado toda la historia de mi familia?

En nuestras primeras cartas, conversamos acerca de nuestros intereses y estudios, además de nuestro deseo de vivir para Dios. Tal parecía que danzábamos alrededor de sentimientos que recién despertaban entre nosotros, aunque ninguno quisimos comprometernos todavía. Para la segunda carta de aquel otoño, ambos sabíamos que habíamos desarrollado sentimientos mutuos y los compartimos de modo abierto y honesto desde nuestros corazones. Vince y yo nos veíamos cada dos fines de semana mientras asistió a la universidad y, de cualquier forma, llegamos a conocernos uno al otro mediante el correo. De esa manera gradual y mesurada, Vince empezó a expresar con gran viveza sus profundos sentimientos hacia mí. Yo nunca antes había recibido ese tipo de cartas de un hombre. El romanticismo y la calidez de sus palabras contrastaban con la usual timidez de su conducta. Él expresaba que su corazón se lamentaba por estar lejos de mí y me decía que deseaba abrazarme cuando estuviéramos juntos.

Vince venía a recogerme y pasábamos juntos tres o cuatro horas los viernes por la tarde con el fin de que pudiéramos comer algo y conversar. Los sábados pasábamos juntos tanto tiempo como podíamos: paseábamos en bicicleta, íbamos a las tiendas de libros o discos, visitábamos a algunos amigos de la iglesia y nos concedíamos algunos momentos para compartir nuestros pensamientos. Dábamos largas caminatas sin dirección por mi vecindario de Toronto y yo lo visité en su universidad en Petersborough en calidad de su novia. Su compañero de dormitorio, Karl, estaba interesado de manera muy especial en el tesoro recién descubierto de Vince. Karl era un joven reservado y moral en quien Vince confiaba en forma implícita.

Al saber que las intenciones de Vince hacia mí se hacían cada vez más serias y con la conciencia de que sería deshonesto reservarme detalles sobre mi crianza hasta alguna cita posterior cuando ya estuviera comprometido conmigo, decidí que había llegado el momento de abrirme con él y soltarle la verdad. Yo no quería alejarlo; no obstante, tampoco quería repetir los patrones de engaño y secretos que habían provocado que el matrimonio de mis padres no funcionara.

Lo invité al restaurante Gatsby's, en la villa homosexual. Durante la primera hora y media casi, no toqué mi cena y hablé sin parar acerca de las relaciones homosexuales de papá. Para mi sorpresa, Vince no sintió repulsión y expresó que no tenía duda de su intención de tener una relación más profunda conmigo. Al enterarse de mis problemas y, tras discernir la montaña de asuntos que yo debía superar, no sintió deseos de terminar conmigo y huir. Él parecía ver y amar algo en mí y resultaba claro que aquello superaba cualesquiera reservas que él pudiera tener sobre las cargas que hubieran sido colocadas sobre mis hombros.

Ese invierno, Vince me invitó a almorzar para conocer a su padre y a su madre. Su padre, Alexander, un abogado polaco, creció como católico de la iglesia ortodoxa rusa debido a su herencia materna y aún era católico, aunque no practicante. Él creía que era un católico "bastante bueno" y no le prestaba demasiada atención a la idea del pecado. Alexander había sido prisionero de guerra en Alemania. Tenía ochenta años de edad y los aparentaba. La madre de Vince, mucho más joven, Catherina, era una exenfermera psiquiátrica y firme cristiana reformada. Sentí gran alivio al constatar que los miembros de esta bien educada pareja no hacían alarde de sus conocimientos en manera alguna. No se daban aires de grandeza ni eran pretenciosos. No intentaron impresionarme ni intimidarme. Sus identidades parecían afirmarse con toda seguridad en su sentido de familia. Alexander estrechó mi mano y me dirigió una profunda mirada con la intención de medir a esta posible pareja para su único hijo. Me lanzó algunas miradas de aprobación mientras comíamos nuestra cena de ensalada rebanada, filete frito con cebollas y puré de papas. Todo el tiempo formuló preguntas para poder conocerme.

De acuerdo con Catherina, le agradé a Alexander al instante y recibí su aprobación...; en especial, citó lo que consideró mi integridad y mi etiqueta. Si parecía tener prisa por conocerme, así era. Alexander tosía y se aclaraba la garganta irritada con frecuentes tragos de brandy; él sabía que estaba a punto de morir a causa de un enfisema triple, bronquitis y cáncer cerebral, y deseaba saber si tendría nietos. La aceptación de los padres de Vince hacia mi persona significó mucho e implicó un importante avance en nuestra relación. Sin embargo, no fue una temporada fácil para Vince pues sabía que su padre no estaría mucho tiempo más en este mundo.

A principios del siguiente año, yo había aceptado un empleo de medio tiempo como cajera en la farmacia Boot's. Un día de febrero, fui transferida a una tienda en Bathrust y Lawrence sólo por una jornada. Durante todo ese día, percibí una sensación de urgencia de rezar por el papá de Vince y su relación con Dios, sin tener idea de que Vince había ido de emergencia a su casa desde Petersborough para estar con su padre agonizante. Su padre, a pesar de estar tan enfermo, accedió a rezar la plegaria Yo pecador y pidió a Jesús que entrara en su corazón. Vince había orado y ayunado por su padre durante dos años con la intención de pedir a Dios que alguien más fuera el ministro de su padre. Según resultaron las cosas, Vince mismo fue quien condujo a su padre de regreso hacia una relación más profunda con Dios mientras, al mismo tiempo, profundizaba su pacto de padre e hijo durante sus últimos momentos juntos en esta tierra.

Poco después, Thomas y yo recibimos una llamada telefónica que nos informó que Alexander agonizaba. Vince vino a recogerme a la mañana siguiente y compramos un colchón de gomaespuma para Alexander. Sentía cada resorte de su colchón luego de que el sacerdote lo había visitado para darle la Comunión y leerle sus últimos ritos. Alexander se sintió mareado y muy nauseabundo tras comulgar y le preocupaba no mantener la cordura durante mucho tiempo. De hecho, tanto tiempo vagaba entre el sueño y la conciencia que las alucinaciones comenzaron a volverse muy vívidas para él. Tras sospechar que el sacerdote podía haberlo envenenado para acelerar su muerte, Alexander solicitó a Catherina y a Vince que se quedaran con él aquel sábado, mientras su razonamiento aún era coherente. Esa tarde, Alexander nos llamó a ambos a su lado. Me miró, tomó mi mano y la colocó en la de Vince y luego rodeó nuestras dos manos con las suyas. Fue un momento muy profundo. A continuación, bendijo nuestro futuro compromiso, nuestro matrimonio, nuestros hijos y nuestra vida juntos. Me conmovió mucho tanto el dolor de ese momento como el significado de su discurso. Ésa fue la última vez que vi a Alexander.

Durante todo el domingo perdió y recuperó la conciencia. El lunes, muy temprano por la mañana, cuando la muerte se hizo presente, la mamá de Vince se hallaba a su lado. Al sentir una súbita necesidad de decir algo, exclamó: "¡Aleluya! ¡Aleluya! ¡Aleluya!". Los ojos de Alexander se abrieron y él dijo: "Veo una luz". Después, exhaló su último aliento. Catherina, tras saber que él ya había partido, gritó: "¡Papá se ha ido! ¡Papá se ha ido!". Vince se aproximó y miró el cuerpo vacío de su padre mientras su madre describía toda la experiencia. En medio de su pena, sintió gozo, pues sabía que él ya estaba con Jesús; asimismo, se maravilló ante la increíble paz de su muerte.

Llamamos una ambulancia para que llevara a Alexander a la morgue del hospital. Más tarde, esa misma mañana, Thomas y yo llegamos para apoyar a Vince y a Catherina. Thomas se hizo cargo de todo y, a solicitud de Catherina, efectuó todos los trámites del funeral a nombre de la familia. Ayudó a Catherina a comprar cuatro lotes en el cementerio y eligió un sencillo ataúd para Alexander. Dado que la máquina de oxígeno había estado encendida todo el tiempo para ayudar a Alexander a respirar, Catherina no había dormido una noche completa durante mucho tiempo. Thomas y yo hicimos algunas llamadas telefónicas más para atender algunos detalles y a continuación llevamos a Vince a desayunar fuera mientras su madre descansaba durante algunas horas.

Thomas, Vince y yo nos sentamos en un restaurante de hot-cakes en Eglinton, cerca de Mt. Pleasant. Vince parecía estupefacto y triste, mas lo motivó el hecho de que mi hermano y yo estuviéramos a su lado. En ese estado de total distracción, ordenó filete a la pimienta como guarnición, lo cual es demasiado pesado para desayunar. Discutimos las actividades para los siguientes días. Había diversas tareas por llevar a cabo y personas a quienes debíamos llamar antes del velorio y el funeral. Planeamos este último en la iglesia católica romana St. Casimir.

El velorio fue tranquilo; sólo algunas personas se presentaron mientras yo permanecía de pie junto a Vince y su madre, cerca del ataúd. En comparación, el servicio fúnebre fue vibrante, colorido y lleno de amigos polacos y de vecinos que llegaron a expresar sus condolencias. Vince y una cuadrilla de amigos de su infancia sacaron en hombros el ataúd de la iglesia y lo trasladaron a la carroza con negras cortinas. Fue una corta procesión hasta el cementerio para el entierro. Unos cuantos de nosotros nos colocamos en el borde de la tumba abierta. Catherina sollozaba: "Oh, papá, te extrañaré". Las lágrimas rodaban por sus mejillas y yo la rodeé con mi brazo derecho. Ella quería estar en el cielo con Alexander. Vince guardaba silencio mientras asimilaba la realidad de la pérdida y daba golpecitos con el pie sobre la fría y oscura tierra que apenas había sido excavada. Thomas y yo nos apoyamos uno en el otro al tiempo que escuchábamos la plegaria del sacerdote.

Esa misma noche de febrero, las vecinas de Vince, quienes vivían a unas cuantas casas de distancia, unas hermanas gemelas de edad avanzada y solteras, nos invitaron a todos a comer emparedados, ensalada, postres y té servidos en una fina vajilla. Fue un hermoso gesto acercarse al doliente en su pena y ofrecerle comodidad y hospitalidad. Vince había crecido en un vecindario polaco de clase trabajadora y de relaciones muy cercanas, con unos padres que en verdad lo cuidaban. Aquella era una cultura que valoraba y apoyaba los matrimonios perdurables y sacrificados y donde los hijos eran criados en una comunidad de personas de ideología similar en la fe católica. Ese mismo fundamento cultural era evidente en las tiendas, los bancos y los negocios de ese vecindario.

Catherina y yo nos acercamos mucho tras la muerte de su esposo; le encantaba recordar conmigo las cualidades de Alexander como padre y marido. Catherina había puesto un altar para Alexander en un rincón de la casa, donde solía estar su cama. Colocó una gran fotografía enmarcada en la pared y un poema sentimental debajo. A cada rato, ella se paraba frente a ese santuario provisional durante varios minutos y me contaba historias sobre su vida juntos, con pausas para enjugarse el llanto y mirar el rostro de su amado. Yo descubrí que Catherina, en su pena y fatiga, se negaba a comer con propiedad y empezaba a consumirse a gran velocidad. Cuando contrajo una infección, pensé que lo mejor sería que estuviera bajo los cuidados de alguna institución hasta que se recuperara por completo. Ella nunca olvidó mi gentileza cuando hice los arreglos para una breve hospitalización. Siempre se sintió agradecida conmigo por amarla en su época vulnerable cuando, de lo contrario, pudo haberse dejado morir.

La pérdida de Vince hizo más profunda nuestra relación, lo cual parecía una buena señal. En lugar de huir como lo hice cuando murió la abuela de Bryan, me acerqué más a Vince. Comenzamos una serie de compromisos progresivos entre nosotros, una vez que recibimos el apoyo de sus dos padres. Yo había sentido temor ante el compromiso, el matrimonio y tener hijos, por lo que esas primeras etapas de compromiso fueron sencillas para mí. Me atraía la serena honestidad de Vince acerca de sus sentimientos, la ordenada sencillez de su estilo de vida, su fuerte sentido de la moralidad y su gratitud por los dones de la vida. Cuando estábamos juntos, él compartía conmigo lo que pensaba y sentía, sin darse aires de grandeza y sin intentar jamás ser otra persona que él mismo. Nunca me mintió ni se aprovechó de mí en sentido sexual o en cualquier otro. Yo sabía que él era un hombre íntegro. Luego de tantos años de incesante inquietud, Vince brindaba un profundo sentido de descanso a mi alma. En el simple clima mental de su presencia, yo descubrí que podía leer libros, retener información y estudiar con más éxito que el que nunca antes había obtenido.

Ese verano, Thomas, Vince y yo asistimos a una reunión familiar por parte de mi padre. Fue una de esas raras ocasiones cuando papá se presentó para ver a su familia, aunque sus motivos para hacerlo se orientaron más hacia la fanfarronería que hacia la convivencia con sus parientes. Llegó después de que la reunión ya había iniciado, con un costoso traje deportivo color negro, y capturó las miradas de todos los presentes. Él adoraba la atención y mostrar lo exitoso que era. Cuando me aproximé a él y le pregunté si quería conocer a Vince, él me ignoró por completo y fingió que yo no existía. Corrí hacia la cocina y estallé en llanto mientras Vince permanecía de pie junto a mí y acariciaba mi espalda. Yo me sentía profundamente herida y, además, loca de furia. ¡Qué corazón tan frío el de ese hombre! Un momento más tarde, Thomas, Vince y yo salimos en grupo y no nos importó un comino que nuestra salida lo hiciera sentir un poco incómodo o lo dejara con la tarea de intentar explicarse ante los demás invitados.

Cuando por fin papá accedió a conocer a mi novio, fue precisamente luego de que Vince terminara de trabajar dos turnos consecutivos y había estado despierto durante más de 36 horas. Carente de toda delicadeza, papá se había negado la oportunidad de conocer a Vince cuando éste hubiera descansado mejor y estuviera más preparado; por el contrario, exigió que Vince fuera a su oficina para mantener una charla de conocimiento mutuo después de las cinco de la tarde. Vince llegó vestido con su uniforme de trabajo en una fábrica, segurísimo de que, para una persona tan puntillosa en cuanto a la vestimenta como papá, esa primera impresión tan importante sería menos que favorable.

Vince entró a la oficina privada de papá con su calzado con puntas de acero, estrechó su mano, tomó asiento y miró alrededor mientras ambos sostenían una conversación ligera, de la cual asimiló todo. Cuando entré para reunirme con ellos, papá estaba inmerso en su arenga antihomosexual y dijo que no le agradaba el carácter ni la personalidad de los homosexuales y que nunca contrataría a uno. ¡Como si él fuera algo distinto a un homosexual practicante y como si su pareja no estuviera en la nómina ni trabajara tras la puerta contigua! De cierto modo, era lastimoso. ¿Acaso papá pensó que yo no mencionaría un insignificante asunto como su vida y su homosexualidad destructora de hogares al hombre con quien esperaba casarme algún día? ¿Que yo lo mantendría como nuestro pequeño secreto?

Vince reprobó en su audición. Papá comentó que Vince era demasiado pobre y se lamentó de que, con él, yo nunca tendría objetos agradables. Tras haber trabajado con tanto empeño para superar su propia pobreza y procurarse una vida mejor, papá no quería ver que yo retrocediera en términos financieros. Vince nunca sería capaz de hacerse cargo de mí en forma adecuada, advirtió papá, lo cual parecía implicar que él sí lo había hecho. Papá no pudo percatarse de que lo que yo deseaba, en primer lugar, era un hombre moral. Demasiados hombres con dinero a quienes conocía hacían alarde de éste y eran mujeriegos irredentos pues desechaban con facilidad a sus esposas para sustituirlas por mujeres más jóvenes. Sí, es probable que mis pensamientos estuvieran un poco torcidos al ver a todos los hombres ricos bajo una luz negativa, pero eso era lo que yo había observado al crecer y no había forma de que yo estuviera dispuesta a soportar el dolor y la infidelidad como mi madre.

A pesar de que Vince nunca se comportó de modo irrespetuoso con papá, su impresión sobre él tampoco fue destacada. La perspectiva de Vince era que papá no era confiable y que la profundidad de su carácter no era tanta dado que evaluaba a toda la gente de acuerdo con su éxito financiero.

Ese otoño, me inscribí a un programa de medio tiempo en la Universidad de Toronto para estudiar psicología, biología y sociología. Vince deseaba mucho terminar el tercer y final año en la universidad teológica, pero no contaba con suficiente dinero para pagar todos sus cursos y su residencia. En el último momento posible, llegó una carta de Alemania que anunciaba que se le debía cierto dinero a los herederos de Alexander por el tiempo que había permanecido como prisionero en la Segunda Guerra Mundial. La cantidad coincidió con exactitud con lo necesario para cubrir los costos escolares de Vince.

Él y yo intentamos equilibrar los estudios y los exámenes con los momentos que pasábamos juntos. La mayor parte del tiempo, Vince representaba una enorme comodidad para mí; sin embargo, en ciertas ocasiones, yo caía presa de un temor instintivo a un compromiso más profundo; incluso, pensé en terminar la relación. Vince me llamó un viernes para informarme que había regresado a la ciudad y que quería verme. Yo dudé y le dije: "Vince, ocurrió algo. Quizá te llame después, durante el fin de semana". Mi vaga excusa por la cual no podía verlo le pareció extraña.

Al percibir mi temor, Vince volvió a llamarme unos minutos más tarde y me preguntó: "Dawn, ¿qué es lo que ocurre?"

"Siento que voy en un tren que avanza demasiado rápido y que no puedo quedarme allí —le expresé—. En verdad me atemoriza el rumbo de esta relación. ¿Comprendes lo que siento?"

Vince no cayó en pánico y con toda calma me ayudó a pensar bien la situación. Yo sabía que, si me quedaba con él, el matrimonio era una posibilidad y estaba asustada. A pesar de que amaba a Vince y sabía que el hecho de casarnos sería mi boleto más seguro para salir de mi familia enferma y desintegrada, la verdad es que no había considerado con seriedad el matrimonio y todo lo que éste traería consigo. La posibilidad de tener hijos ni siquiera estaba a la vista en ese momento de mi vida. Yo no deseaba tener hijos. Mi propia infancia lo había asegurado. No sólo me sentía insegura acerca del matrimonio: ignoraba lo que sería de mí si acompañaba a Vince adonde él fuera y es probable que se tratara de un sitio lejos de Toronto, donde yo había vivido toda mi vida. Vince ya había ingresado en un internado ministerial en Stratory y trabajaba con un pastor antes de graduarse de la universidad en la primavera. Una posición pastoral nos llevaría a cualquier sitio y yo no estaba convencida de estar lista para dar un paso tan definitivo. He ahí mi oportunidad para escapar de mi situación familiar y liberarme de la controladora influencia de mi padre. No obstante lo tentadora que era, yo sabía que cualquier paso que diera tendría que ser la voluntad de Dios.

"Vince, ésta es una gran decisión y no quiero confundirte —le expuse—. Tú has sido muy bueno para mí y no quiero lastimarte."

También, me inquietaba mucho convertirme en la esposa de un pastor. Mi crianza no había tenido lugar en un hogar muy recto que digamos y yo asumía que ése era un prerrequisito esencial para cualquier persona que pretendiera desempeñar semejante función.

Vince escuchó en silencio todas mis preocupaciones. En lugar de presionarme, me hizo una sugerencia: "Dawn, deberías ayunar y rezar para averiguar lo que debes hacer. Démosle una semana y después podrás comunicarme tu decisión". Tras decir lo anterior, finalizamos la llamada.

Yo intenté ayunar y orar, pero no funcionó, no importa cuánto lo intenté. Me aterraba la posibilidad de entregarle mi vida entera sólo a un hombre. Y también me aterrorizaba encontrarme a punto de desechar al único hombre que conocía y por quien valía la pena correr ese tipo de riesgo. ¿Podría confiarle mi vida a Vince? ¿El hecho de que yo estuviera con Vince era la voluntad de Dios?

Una semana después, llamé a Vince y él vino de inmediato. No pudo decir mucho a manera de preámbulo, pues esperaba escuchar mi decisión. Cuando le expresé que no había podido ayunar o rezar y que mi estómago estaba convertido en un nudo perpetuo, él me preguntó si lo amaba.

"Sí —respondí—, pero tengo miedo".

Él colocó las manos sobre mis hombros y me miró mientras yo detallaba la serie de dudas a las cuales me enfrentaba. Le indiqué que nunca había visto un ejemplo de continuidad en las relaciones de papá y lo difícil que me resultaba permanecer con una sola persona durante mucho tiempo. Yo intentaba superar mi temor más profundo, el abandono, por medio de adelantarme a que éste aconteciera. Pensaba dejar a Vince antes de que él me dejara a mí. ¿Podría confiar en que Vince siempre estaría allí para mí? Mientras yo compartía con él todos estos sentimientos y pensamientos, Vince exhibió constancia y deseo por la voluntad de Dios. No me presionó para que permaneciera con él. Si lo hubiera hecho, yo hubiera huido.

Tenía que considerar que, cuando estaba con él, percibía una sensación omnipresente de que todo marcharía bien, sin importar las circunstancias. Vince tenía esa enorme y sólida fe en Dios que me brindaba una sensación de seguridad. El "descanso del alma" al estar cerca de Vince era inestimable. De algunas maneras, en retrospectiva, él parecía casi angelical; no el tipo de chico que yo solía atraer en el pasado. Él no coqueteó conmigo, no miraba a otras mujeres, nunca me atacó en sentido físico o verbal, no juraba, no mentía y no era infiel. Cuando decía que llegaría a mi casa a cierta hora, siempre cumplía con su palabra. Era el hombre más íntegro que conocí jamás. Ese día titubeé por última vez y decidí continuar con nuestra relación.

Desde luego, el siguiente paso lógico era comprometernos formalmente. En cierto nivel abstracto, yo lo sabía, pero fui un poco lenta para darme cuenta de que ahí era donde nos encontrábamos, que ahora era el momento de cruzar ese umbral. Vince me llevó a una joyería en el Centro Eaton. Ni siquiera cuando me preguntó cuál pareja de anillos prefería, yo capté el hecho de que él consideraba la posibilidad de comprármelos.

Unas cuantas semanas más tarde, tras una maravillosa cena en un restaurante a media luz, Vince me sacó al patio. Hacía frío, por lo que él se quitó el saco y cubrió con éste mis hombros. Había estatuas mitológicas y un círculo de bancas de piedra que delimitaba el perímetro. Un poco cursi, quizá, pero con el oscuro aire de la noche y la pululante ciudad alrededor nuestro, esos fantasmagóricos sátiros, faunos y ninfas fueron los testigos del cortejo de Vince hacia esta joven mujer, tan temerosa del compromiso. Sin poder evitar saberlo, Cynthia Dawn estaba parada en un trascendente cruce de caminos en su vida. Él apoyó una rodilla en el suelo, sostuvo al frente una pequeña caja forrada de fieltro color marrón y preguntó: "Dawn, ¿quieres casarte conmigo?"

Sin dudarlo, yo lo rodeé con mis brazos y respondí: "Sí". Nos besamos y abrazamos y luego él me ayudó a colocarme el anillo de compromiso en el dedo apropiado, en mi mano izquierda. Yo estiré los dedos y giré con suavidad la muñeca para que el diamante captara y reflejara las luces de la noche. Sólo hasta entonces reconocí al anillo como uno de los tantos que vimos apenas unas semanas antes.

Acto seguido, descubrí que Vince había tomado casi todas las monedas de la colección que había heredado de su padre y que las había vendido para comprar mis anillos. Al enterarme, no pude evitar el llanto. Nadie había hecho antes un sacrificio tan grande por mí. A pesar de que mi padre poseía mucho más en términos materiales, sólo compraba joyas falsas o baratas para mí. Y ahora Vince, un estudiante de teología con pocos recursos monetarios, cedía una herencia sentimental de su padre por mí. Lo que hizo que el sacrificio de Vince fuera más significativo fue la bendición de su padre en su lecho de muerte para nuestro matrimonio, nuestros hijos y nuestra vida familiar. Y ahora, los anillos que su legado de monedas raras habían comprado fueron el signo ceremonial de que la unión que él tanto había deseado para nosotros se convertiría en realidad.

Planes de boda

Con frecuencia, pensé que sería capaz de cualquier cosa con tal de hallar una salida de mi hogar y, ahora, tal como era oportuno, Vince me llevó de regreso a mi casa en su aporreado Nova color verde. Corrí escaleras arriba para despertar a mamá y contarle la noticia. Ella no lo tomó muy bien. Quizá debí esperar hasta la mañana. Que estaba sorprendida, fue su respuesta. Tan sorprendida que sólo me comentó su opinión al respecto hasta la mañana siguiente. Para mí, eso implicó una señal por adelantado de que no estaba nada fascinada.

A la mañana siguiente, ella entró a mi habitación y me comentó que siempre había dicho que quería que yo me casara con un hombre rico.

Exasperada, me volví hacia ella y le espeté: "Mamá, lo amo. Y tú también lo quieres. Tú fuiste quien me aconsejó seguir a Vince y asegurarme de obtener su dirección y su número telefónico antes de que se marchara a la universidad".

Luego, recordé que mamá había deslizado un folleto por debajo de la puerta de mi habitación unos cuantos años antes, cuando tuve algunas citas con un joven judío, en el cual se explicaba por qué nunca debía "aceptar el desigual yugo" del matrimonio. "Mamá, tú fuiste quien nos motivó, como cristianos, a salir juntos —le recordé—. Incluso alojaste a Vince en nuestra casa. ¿Por qué ahora el cambio de actitud?"

Ella no tuvo una respuesta inmediata para mi pregunta y prefirió retirarse a su habitación para arreglarse y marcharse al trabajo.

Cuando papá se enteró, también se puso furioso. Lo visité en su oficina y me pidió que me acercara para observar el anillo de compromiso. Me dijo: "Debieron acudir primero a mí. Yo podía haber conseguido un diamante más grande por el mismo precio que Vince pagó". Papá no se daba cuenta de que yo buscaba algo mucho más profundo que el materialismo en un hombre. Ya estaba harta de hombres de conversaciones ligeras, guapos e instables que nunca estaban conformes con sus empleos, casas, automóviles o parejas y que siempre buscaban algo mejor sobre lo cual presumir. Esas veleidades no están limitadas a los hombres homosexuales. Yo veía a diario a esos caprichosos muchachos heterosexuales en la oficina de papá. Cuando me juntaba con los de nuestro vecindario, yo observaba sus bonitos automóviles y su manera de utilizar a las chicas gentiles para después desecharlas. Ya que estaba de nuevo inscrita en la universidad, yo notaba que, sin importar que fueran profesores, asistentes de tutores o alumnos, diferentes hombres me coqueteaban y me acosaban sexualmente, lo cual complicaba muchísimo la posibilidad de estudiar bien. Resultaba casi imposible obtener atención de la red de apoyo que existía allí y que se suponía que servía para ayudar a las mujeres. Si yo presentaba una queja, sabía que el hombre en cuestión no recibiría castigo y que, si se trataba de uno de mis profesores, me enfrentaría a bajas calificaciones, a que me reprobara o a algo peor. No existía un refugio en ninguna parte. El lugar de trabajo, los suburbios, los enclaustrados muros de la academia...; todos estaban saturados de la versión heterosexual del mismo tipo de libertinaje agresivo que gobernó y arruinó la vida de mi padre. De ninguna forma repetiría yo sus errores.

Aunque papá garantizó que su novio tuviera un empleo bien pagado en su empresa, no había ofrecido ninguna oportunidad relevante a alguno de sus hijos. Thomas deseaba con desesperación probarse a sí mismo; por tanto, a sabiendas de lo mucho que molestaría a papá, tomó un breve periodo de vacaciones de su empleo regular y consiguió un puesto como consultor en una gran compañía de reclutamiento de ejecutivos en Toronto, en los muelles. El éxito de Thomas fue tan sorprendente que pronto se convirtió en el principal consultor por comisión en esa empresa, para gran indignación y furia de papá. Mi gemelo era tan bueno para cobrar elevadas comisiones que estaba en competencia directa con él y lo derrotó en numerosos negocios. Resultaba un poco irritante su modo de entregarse a ello, pero yo comprendí lo fundamental que era para Thomas probarse a sí mismo y ganar el tipo de elogios de su jefe que ninguno de nosotros recibió jamás de papá.

Ese diciembre, me enfermé de estrés por atender la enorme dependencia de mamá, de manera que me mudé durante un tiempo para descansar un poco y dedicarme con seriedad al estudio para un importante examen de psicología. Me hospedé en un diminuto espacio en la casa de Catherina mientras Vince se encontraba en Petersborough y fue donde recibí la llamada telefónica de Thomas. Él me comentó que mamá había llegado a la casa con una reacción a la insulina y que se había metido en serios problemas. Había nieve fresca en el suelo y ya estaba oscuro al llegar la noche. Ella caminaba por nuestra calle cuando comenzó a sentirse confundida, cayó sobre sus rodillas y no pudo levantarse, por lo que empezó a arrastrarse hacia nuestra puerta. No podía enfocar la mirada lo bastante para hallar la llave de la casa en su bolsa, así que se arrastró de regreso por la entrada para autos de la casa y cruzó la calle hasta la casa de los vecinos.

La piel en sus manos y rodillas estaba desgarrada debido a la sal sucia y mezclada con el fango de la calle. Ella manchó con sus manos heridas y sangrientas el frente y los costados del hermoso abrigo de invierno que yo compré para ella un año antes. A continuación, se desmayó en la nieve. Una vecina salió de su casa y la asistió hasta que llegó una ambulancia. Mamá permaneció una noche en el hospital con fluidos intravenosos para devolverle la conciencia. Thomas y yo nos sentimos muy mal por no haber estado allí para ayudarla. Al mismo tiempo, yo no sé si hubiera podido soportar encontrarla de esa forma, postrada y sangrienta, como un animal que hubiera sido atropellado por un automóvil y que se hubiera arrastrado antes de morir.

Mientras terminaba su último año en la universidad, Vince entró a trabajar en una iglesia en St. Thomas. Ya se había mudado de Toronto y empezó a reunir artículos para nosotros en esa pequeña comunidad, al sur de London. Yo iba a visitarlo durante los fines de semana y me hospedaba con algunos parroquianos de la iglesia. Vince ofició algunos servicios religiosos y yo, nerviosa, lo observaba. Estas personas tenían un conjunto distinto de prioridades a lo que yo estaba acostumbrada en la gran ciudad. En su mayor parte, parecían conformes con su destino y trabajaban de manera ardua para proveer a sus hijos. Una mujer mayor de corazón gentil, quien fuera enfermera, me convirtió en su protegida. Su esposo trabajaba para la corporación ferroviaria y tenían tres chicos adolescentes de comportamiento impecable en la casa. Ella siempre apartaba el cuarto de huéspedes cuando yo iba y me hacía sentir como si llegara a mi casa. Algunas de las familias de los diáconos nos invitaban a cenar a Vince y a mí y compartían tiernos detalles de sus historias de vida con nosotros. Me impresionó el hecho de que las personas estaban preparadas para ser abiertas y confiadas con los ministros... o ministros en entrenamiento.

La vida de esa familia eran radicalmente distinta de cualquier cosa que yo hubiera conocido. Al enterarse de que Vince y yo estábamos comprometidos, la hija adolescente de una de esas familias sonrió con emoción y me llevó a su habitación porque quería mostrarme su cofre de novia. Ella ni siquiera tenía novio aún y he aquí que esa niña de catorce años de edad tenía todos esos bellos objetos guardados, los cuales sacó con todo orgullo, cuidado y amor para mostrármelos: un conjunto de tazas de té de exquisito diseño, algunas carpetas hechas a mano, un mantel de encaje que había sido heredado a lo largo de varias generaciones por parte de su familia materna y un montón de objetos elegantes que cualquier muchacha adoraría. Yo actué como si todo aquello fuera grandioso, y lo era, pero sentí que lloraba en mi interior. Cómo envidié a esa chica y a su saludable crianza. A mis padres nunca se les hubiera ocurrido elegir un cofre especial de objetos para el día de mi boda. En lo que a mi familia se refiere, mi próxima boda era alguna especie de trastornado proyectito mío que no tenía nada que ver con nadie más.

Vince y yo planeamos nuestra boda y recepción para finales del verano. Papá me anunció que no quería tener participación alguna en ello, de modo que ordenamos invitaciones impresas sin el nombre de mi padre. Vince y yo también reservamos una sala suburbana de banquetes con un depósito de trescientos dólares para una modesta recepción.

Luego, al darse cuenta de que la boda se llevaría a cabo tanto si la aprobaba como si no, papá cambió de opinión y me llamó para conversar. De ninguna forma permitiría que la boda de su hija fuera inferior, en especial frente a sus parientes. Me expresó que quería pagar la recepción y que se celebraría en la calle Church, en el centro, en el Hotel Loews Westbury. Al principio, pretendía que el estudio fotográfico se efectuara en Allen Gardens, al lado de la villa homosexual, pero, por fortuna, no hubo espacios disponibles para el día de nuestra boda. Él principiaba a tomar el control de algunos aspectos particulares de mi boda y yo me sentía agradecida y dudosa al respecto. Hablé con mamá acerca de mis reservas y ella, en términos básicos, mencionó: "Dawn, se trata de tu padre. Tienes que incluirlo en ese día. Sólo permítele hacer lo que desea".

Vince y yo discutimos los cambios a nuestros planes y pronto mandamos imprimir y enviar invitaciones nuevas. No discutiríamos por ello, de ninguna manera. Nosotros no podíamos pagar todo eso y agradecimos la intervención de mi padre. Nadie iba a superarlo. En fechas recientes, su hermano había derrochado mucho dinero en la fastuosa boda de una de sus hijas, por lo que papá pretendía subir la apuesta y ofrecer una boda aún más grandiosa, como nadie en su familia podía pagar.

Un par de semanas antes de la boda, papá me llamó a la sala de estar porque tenía algo muy importante por discutir conmigo. "¿Vince es circunciso?", me preguntó. Y sí, eso era todo lo que ocupaba su mente cuando su única hija se preparaba para su boda. Toda la discusión se centró en las enfermedades que contagian los hombres no circuncisos y la importancia de que los varones se mantengan limpios. Después de soportar ese tipo de conversaciones durante dos décadas enteras, mi capacidad para indignarme y ofenderme se había disipado. Bueno, desde luego, la higiene sexual debía ser un tema muy relevante para papá. Si consideramos todos los hombres con quienes tenía relaciones sexuales, él debía preocuparse por las enfermedades.

"Vince es virgen —le informé con lentitud, pues sabía que ese tipo de concepto sería desconocido para él—. Entonces no importa si es circunciso o no. No tiene enfermedades. Nunca ha tenido relaciones sexuales con alguien."

Hubiera preferido que papá me deseara lo mejor para mi boda, me apoyara durante esos momentos, me preguntara cuándo planeábamos tener hijos o quisiera saber cuáles eran nuestros planes para establecernos juntos en algún lugar. Pero no. Sus preocupaciones se limitaban de manera estricta a los genitales, como siempre.

Continué trabajando para papá durante nuestro último verano juntos y hacía mis planes de boda en las horas del almuerzo y luego del trabajo. Papá me llamó alrededor de una semana antes de la boda y me comunicó que Ron estaba muy dolido porque no lo había invitado.

"Asumí que no querría asistir", repliqué. A lo largo de todos los años que teníamos de conocernos me había parecido que su actitud era indiferente en cuanto a los hijos de papá. Tal parecía que estaba equivocada. Entré a la oficina de Ron y le expliqué que lamentaba mucho la omisión; él aceptó mi disculpa. Al día siguiente, le entregué una invitación en persona.

En el ensayo de nuestra boda, escuché que papá le decía al pastor: "Ella es demasiado joven aún para casarse". Recordé que papá sólo tenía veinte años de edad cuando se casó con mamá. No tenía noción de que, al igual que él cuando tenía mi edad, yo estaba desesperada por salir de mi ambiente familiar y por iniciar de nuevo por mí misma. Cuando me llevó a casa, papá se acercó a mí y, con tono confidencial, me preguntó si yo no tenía algún tipo de maquillaje para los labios. Tenía lesiones alrededor de la boca que lo avergonzaban. Por supuesto, yo me pregunté si aquello podría ser un brote inicial de sida, tema que aparecía con mucha frecuencia en los noticiarios en esa época. Ya sabía que papá tenía una pequeña colección de artículos de maquillaje, incluso lo último en bases tópicas y un sistema de limpieza para piel sensible. Él necesitaba algo más contundente que todo eso para cubrir sus lesiones. Yo elegí mi mejor paleta de seis tonos y pinceles para los labios de la marca Mary Kay y se la entregué, sin esperar su devolución.

Se supondría que ofreceríamos una pequeña recepción en nuestra casa tras el ensayo, pero cuando llegamos, Thomas encontró a mamá afuera, en el jardín trasero, en el acto de cavar agujeros en un estado semejante a un trance. Tenía otra severa reacción a la insulina. Su intención había sido sembrar una fila larga de bellas plantas anuales en el jardín trasero para que el fotógrafo tomara fotografías al día siguiente. Sin que mamá lo supiera, el plan era que las fotografías se tomarían en el jardín delantero y no en el trasero. Pronto, Thomas le ofreció agua azucarada y la limpió. Después, trajo algunos emparedados y postres preparados, mientras nuestros amigos del grupo de universidades y carreras, con toda gentileza y comprensión, nos ayudaron a limpiar el sitio para el día siguiente. Yo me excusé para ir a lavarme y a dormir.

No es desconocido el caso de los gemelos que se sienten abandonados y hasta amenazados cuando su hermano más cercano contrae matrimonio. Algo parecido debe haberle sucedido a Thomas. Mi gemelo solía decir que quería casarse el mismo día que yo, pero me adelanté a sus planes frente al altar tal como me adelanté en la sala de partos. Quizás eso lo molestó. Mi sueño prenupcial empezó bien, hasta que Thomas entró a mi habitación como a las dos de la mañana, con un amigo a quien nunca antes había visto, y con toda rudeza me exigió que me levantara de la cama. Mi vestido y mi velo de novia estaban colgados allí, pero Thomas me exigió salir de la habitación para que su amigo pudiera dormir en mi cama. Thomas parecía tan inflexible que me di por vencida y me fui a dormir a su habitación. Dormí unas cuatro horas. Estoy segura de que ambos estaban borrachos. Yo estaba enfadada y mi enojo era justificado, pero me dije a mí misma que era mejor olvidarlo. Se trataba de la última noche que yo dormiría en esa casa y no tenía caso pelear por mi derecho a emplear mi propia cama. Ese amigo, a quien nunca más volvimos a ver, también asistió a mi boda al día siguiente y se sentó al lado del pasillo central. No habló una sola palabra conmigo durante todo el día, aunque se las arregló para comer lo más posible en mi recepción. Quizá Thomas sintió que necesitaba a alguien de su lado mientras su gemela se preparaba para salir al mundo sin él.

Yo estaba muy emocionada por el hecho de casarme. A pesar de no haber soñado con ese día desde que era niña y de haber sido bastante obtusa respecto de las delicadezas de comprometerme, yo invertí todas mis energías (incluso, tal vez, demasiadas) a medida que el gran día se aproximaba. Había planeado con toda meticulosidad cada aspecto de la boda, había empacado cuatro piezas de equipaje de acuerdo con listas específicas para mi luna de miel y había organizado todo en el orden preciso en el cual lo necesitaría. Mi padre, mis hermanos y Vince decoraron el Cadillac negro de papá en la mañana de nuestra boda, mientras las cinco damas y yo nos vestíamos para nuestra primera sesión fotográfica en la sala de estar.

Con puntualidad perfecta, papá estacionó su Cadillac en nuestra entrada para automóviles mientras las damas, la dama de honor y yo rezábamos una plegaria breve para ese día tomadas de las manos. Cuando me despedí de mis amigas y abordé el automóvil, papá colocó mi largo vestido blanco lejos de la puerta y la cerró. Nos dirigimos hacia la iglesia y esperamos en la puerta trasera del templo. En la iglesia, a la espera de la señal para avanzar por el pasillo, por fin tuve una oportunidad para apreciar de verdad a mi padre. Estaba vestido con elegancia, con un saco color marfil y pantalones oscuros. Su rostro entristecido lucía suavizado con el maquillaje color natural que se había aplicado con todo cuidado para agregar un poco de color a su piel. Pude ver cansancio en sus ojos, como si intentara enmascarar alguna enfermedad. Con gentileza, tomó mi mano y caminamos por el pasillo. Besó mi mejilla mientras me entregaba a Vince y luego fue a sentarse junto a mamá, lo cual dio una buena impresión a los familiares y amigos presentes. Ron tomó asiento algunas bancas detrás de papá. El compañero de dormitorio de Vince, Karl, fue el padrino y permaneció de pie detrás de nosotros en la plataforma, mientras soñaba con el día en que él también se casara.

A lo largo de la ceremonia en la iglesia The Stone, durante las sesiones fotográficas de la tarde y en la recepción en el hotel sentí tanto la belleza como la tristeza de la ocasión. Exactamente debajo del espectáculo exterior de extravagancia, para mí todo el día estuvo lleno de la sensación del pesar de mis padres por el hecho de que yo me casaba con Vince. Poco antes de la recepción, papá nos jaló a mamá y a mí a unas puertas que conducían a un tramo de escaleras y hasta un pequeño patio. Caminamos juntos para tener un momento de privacidad lejos de los invitados. Mamá estaba a mi derecha y papá a mi izquierda. Había un sentimiento de vacío en el estómago que no necesitamos expresar con palabras. Pude haber estallado en llanto con toda facilidad si me hubiera permitido hundirme en la idea de lo poco que ahora compartían mis padres. Nos habíamos alejado unos de otros años atrás. Esta ceremonia sólo formalizó los abismos infranqueables que nos separaban a todos. Durante dos décadas no habíamos estado allí para apoyarnos unos a otros como deben hacerlo esposo y esposa o padres e hijos; entonces, no fue sorprendente que, en ese día tan especial y propicio para las grandes declaraciones y votos, nosotros no tuviéramos nada que decirnos.

Papá siempre me había presionado para que creciera demasiado rápido; para que fuera responsable, madura e independiente con el fin de no tener que hacerse cargo de mí. No obstante, al mismo tiempo y de otra manera, él deseaba que permaneciera por siempre de trece años de edad; es decir, al inicio de la adolescencia y sin crecer jamás. Ahora que me había casado y que me mudaría lejos, él no podía creer que aquello acontecía. No podía aceptar que yo me marchaba y que nunca más me vería con tanta frecuencia.

Ningún debacle mayor ocurrió ese día especial. El único detalle fue cuando Thomas, aún en su versión estúpida, se tomó hora y media para llevar los regalos de bodas a la casa y traer mi equipaje al hotel, incluso mi atuendo para partir. Cuando por fin bajé con mi vestido de chiffon rosa para despedirme de los invitados, me confrontó una visión que colocó todo ese día bajo una especie de retorcida perspectiva. En un principio, Vince y yo habíamos planeado una recepción sin alcohol. Cuando papá saboteó todos nuestros proyectos de boda, ésa, junto con muchas otras disposiciones, se modificó. Al descender por la escalera, vi que tres de los réprobos hermanos de papá transportaban cajas enteras de Johnnie Walker, Captain Morgan y Mumm's a sus camionetas. Algunos parientes estaban tan borrachos que ya no podían ponerse en pie. Cinco mil dólares le costaría a papá la factura por licores, cerveza y vino... algo que más tarde lamentaría y por lo cual decidiría que la barra libre no había sido una idea tan genial.

Reunión de campamento

Fuimos de luna de miel a Florida durante dos semanas y nos hospedamos en el condominio de mi tío. Como al fin estábamos solos, ni una vez pensamos, Vince o yo, en conectar el teléfono, por lo que no supimos que papá nos llamó todos los días para preguntarnos si estábamos bien. A nuestro regreso a Canadá, fuimos a saludar a mamá, recogimos los obsequios y comenzamos nuestra vida de casados en un apartamento en St. Thomas.

En el otoño, papá me presionó para regresar a Toronto con la intención de ayudar a mamá a mudarse, pero Vince no estaba dispuesto a participar en ello. Con gran sabiduría, deseaba que yo funcionara fuera de la órbita de mi padre durante un tiempo y que trabajara con él en el ministerio de nuestra nueva comunidad. Vince también necesitaba cierta distancia de su madre, ya que sentía su sofocante dependencia por la pérdida de su padre. Él no podía ser un esposo para ella. Catherina sabía que Vince debía construir su propia vida y, por fortuna, le brindó esa oportunidad. El hecho de abandonar mi situación familiar y mudarme a una ciudad nueva, sin parientes o amigos cercanos, fue un gran paso para mí. Las incesantes llamadas de papá y la sensación de inquietud por la iglesia donde trabajábamos me hizo sentir enferma de nerviosismo y preocupación. Una cosa era mudarme, en términos físicos, del mundo de mi padre; no obstante, comencé a comprender que la separación no sería tan fácil en términos espirituales y emocionales.

Sabíamos que algo no marchaba bien en St. Thomas y Vince sintió que quizá no conservaría el empleo durante mucho tiempo en esa iglesia. En secreto, el pastor principal planeaba dejar la iglesia y nos necesitaba allí para ayudarlo mientras se mudaba con su familia a su siguiente congregación. Vince y yo nos sentimos decepcionados por estos sucesos y probamos las inseguridades de la vida ministerial desde el principio. ¿Con quién podíamos contar en realidad? Sólo con Dios y —por favor, Dios— uno con el otro.

En nuestra nueva vida juntos, Vince y yo iniciábamos cada día con la lectura de algunos pasajes de las Escrituras y con plegarias para que Dios nos abriera las puertas y nos brindara lo que necesitábamos. Nos recordábamos uno al otro las numerosas ocasiones en que nuestras plegarias habían recibido respuesta y nos apegábamos con fuerza a nuestra fe cristiana. Gran parte de nuestros ahorros habían cubierto los costos de casarnos y de mudarnos a St. Thomas. El bajo salario del pastorado no cubría nuestros gastos cotidianos para vivir, así que, para ahorrar, con frecuencia comíamos mantequilla de cacahuate, atún enlatado y carne molida como nuestras fuentes principales de proteínas.

Nuestra primera Navidad juntos fue sencilla y cálida. Decoramos un árbol artificial en la sala y colocamos algunos regalos para nosotros. Ese año no contábamos con dinero adicional para comprar regalos para otras personas. A pesar de vivir una vida que en la opinión de los demás podría parecer pobre, era extrañamente liberador, incluso hasta lujoso, el hecho de tener tan pocas cosas entre nosotros y sentirnos tan agradecidos. Yo decoré un leño de Navidad de chocolate y preparé algunas otras golosinas mientras planeábamos asistir a un servicio religioso especial y hacer una visita a la familia en Toronto la siguiente semana.

Visitamos a la mamá de Vince en Brampton la víspera de Navidad; Catherina dormía en su sofá-cama, en un rincón de su apartamento de una sola habitación, donde había instalado una cortina para tener privacidad. Para Catherina, fue un gran ajuste mudarse de su espacioso dúplex de cuatro niveles a unas cuantas cuadras de High Park, tras recibir un pago inferior al valor de su propiedad. Ya no podía subir las escaleras, dar mantenimiento a la casa o pagar las mejoras necesarias para los desgastados sistemas de electricidad, plomería, horno y techumbre.

Hicimos una breve visita a mamá en su lujoso apartamento en el Hotel Sutton Place en Toronto en Navidad. Papá estaba allí con un gran obsequio para nosotros: un humidificador. Sin comprender nuestra situación, él esperaba un regalo de parte nuestra, pero no teníamos nada para él. Se sintió tan herido que se volvió, bañado en llanto, y salió de la habitación. Yo quedé estupefacta. Ésa fue la primera vez que provoqué el llanto de mi padre. Tal parecía que el hecho de separarme de él ocasionaba un cambio en nuestra relación, suficiente para volverlo más vulnerable hacia mí y que expresara su pena. Su repentina manifestación de dolor perforó mi corazón, aunque, también, de alguna forma, me complació. Él parecía anhelar la vida familiar que en realidad nunca antes apreciamos, aunque ya era demasiado tarde para recuperarla. Deseé haber traído algún regalo para él, pese a saber que ese detalle no hubiera eliminado sus arrepentimientos por todo lo que se perdió durante años.

Scott no apareció esa Navidad, lo cual sólo magnificó la soledad que papá debió sentir. Ron se había marchado para visitar a su familia y llevó varios regalos. Mamá estaba a punto de convertirse en su exesposa y no guardaba algún afecto especial por él. Papá apenas comenzaba a percatarse de lo apartado que estaba de todo el mundo.

Vince y yo llegamos a casa la noche de Navidad, ya muy tarde. Luego de una buena noche de sueño, abrimos nuestros regalos del uno para el otro el 26 de diciembre por la mañana. Sentimos alivio al estar en nuestro propio espacio, sólo nosotros dos. Vince sacó una hermosa tarjeta con descripciones poéticas de lo que había en su corazón para mí. Escuchamos música navideña mientras desenvolvíamos botas de invierno para ambos, guantes de piel y una bufanda para Vince, un frasco de perfume para mí y algunos pequeños obsequios por parte de Catherina. Preparé la mesa con un mantel blanco y floreado, candelabros de plata, los cubiertos de plata de mi abuelo y la vajilla Wedgood de mi padre; todos preciosos regalos de bodas. Comimos un pequeño pavo relleno con ensalada verde como guarnición, además de zanahorias y papas con salsa, y bebimos jugo de uva y ponche de ginger ale. Compartimos algunas rebanadas adicionales del leño casero de chocolate y luego leímos en voz alta el relato del Evangelio sobre la historia de la Navidad. Después de cenar, dimos una caminata muy larga que nos provocó ampollas con nuestras botas nuevas, perdidos en ensoñaciones sobre nuestro futuro juntos. Había una sensación de paz de Dios, a pesar de nuestra inminente partida de esa iglesia y de saber que, en última instancia, Vince tendría que buscar empleo no relacionado con el ministerio. Nos teníamos uno al otro y la mejor parte de nuestras vidas se extendía frente a nosotros. Eso era más que suficiente.

Nos quedamos en casa para Año Nuevo e hicimos planes para que Vince encontrara otro empleo en la iglesia ese mes de enero, mientras yo orientaba mis esfuerzos hacia el estudio en algunos cursos universitarios de negocios, subsidiados por el gobierno, y empecé a tomar clases de manejo. Aunque nuestra situación financiera era precaria, lo logramos. Algunos cheques llegaron por correo en la misma semana, cuyo monto coincidía de manera exacta con la tarifa de inscripción para mi curso de manejo; uno era de Catherina y el otro de papá.

Para el siguiente otoño, yo ya había concluido mis cursos universitarios de negocios, Vince arreglaba máquinas de escribir y equipo de oficina en London y yo también había conseguido un empleo en una empresa de administración de construcciones y propiedades comerciales y residenciales. Con mucho esfuerzo, reunimos suficiente dinero para la renta desde el primero hasta el último mes; luego, hallamos un apartamento que nos gustó en London y nos mudamos.

Tras otro año y medio de trabajo arduo, de cubrir turnos adicionales y de trabajar incluso los fines de semana, pudimos mudarnos a nuestra propia casa en condominio, la cual compramos a finales de 1986. Catherina vino a vivir con nosotros ese diciembre y se quedó durante algunos años antes de mudarse a su propio apartamento. Vince se inscribió a diversos cursos universitarios de medio tiempo para obtener una maestría en gerontología y sociología y después a un diplomado de dos años en estudios sobre la adicción en la Universidad McMaster. Yo principié a estudiar para convertirme en contadora y administradora certificada y tomé el mismo curso que papá estudió 25 años atrás.

Todo parecía ocupar su sitio de modo espléndido. Tal parecía que por fin nos habíamos establecido en London y que construíamos nuestra nueva vida juntos; sin embargo, después de esos primeros y productivos años de escalar con asiduidad para escapar de mis orígenes, yo estaba a punto de deslizarme por el tramo más largo y empinado de un tobogán.

Mamá vino a visitarnos poco después de que nos mudamos a la casa en condominio. Quería que la ayudáramos a comprender un curso de procesador de palabras al cual asistía y también nos contó con detalle lo que sucedía en su vida. Una tarde, mientras estaba sentada en silencio en el sofá doble de nuestra sala de estar, y Vince y Catherina estaban en la cocina, de pronto mamá entró como si flotara a través del comedor. Parecía mareada y bailaba en círculos veloces al tiempo que se aproximaba hacia mí con una extraña tonada en los labios. Yo me tensé y me pregunté en cuál extraña zona mental se había perdido, mientras reunía fortaleza para hacerme cargo de la situación y lograr que se apaciguara cuando, de súbito, se detuvo frente a mí, se dejó caer de rodillas y hundió la cabeza en mi regazo por la fuerza, al tiempo que empujaba mis piernas hacia fuera para separarlas.

Yo retrocedí ante esta siniestra pesadilla, la tomé por los brazos, la empujé lejos de mí y exclamé: "¿Qué se supone que haces, mamá? ¡Detente! ¡Sólo déjame en paz!"

Vince y Catherina escucharon el tono de alarma en mi voz y vinieron deprisa a la sala de estar, pero no supieron lo que había ocurrido o lo que debían hacer. Con la esperanza de que todo aquello pudiera explicarse como otra reacción a la insulina, de inmediato mezclé jugo de naranja con azúcar y urgí a mamá a bebérselo. Esperé que se tranquilizara y luego resultó obvio que no recordaba nada del suceso reciente. Desesperada, ansié hallar una explicación racional para todo eso y las inolvidables y vívidas pesadillas sexuales de mi infancia pasaron por mi mente a gran velocidad, incluso aquellos extraños sueños de los demonios que danzaban alrededor de la cama de mis padres. No obstante, esta vez había sido mi madre quien había danzado alrededor de mí y sentí que la repulsión recorría mi cuerpo por la convicción de que ésa no era la primera vez que ella me violaba.

Poco después de la partida de mamá, yo estuve a punto del colapso. Me sentía demasiado débil para escribir, pensar o moverme. Sentía que mis nervios se sacudían y quemaban. No podía estar segura de si la extraña conducta de mamá había disparado un recuerdo real de abuso sexual de mi infancia. De acuerdo con las órdenes del médico, por primera vez en mi vida tomé una especie de vacaciones y me calmé para dar a mi cuerpo y a mi mente la oportunidad de recuperarse del estrés causado por haber dejado a mi familia y haberme establecido en London. Fue un descanso complicado, un ocio difícil. Yo estaba sumergida en sospechas acerca de lo que en realidad había acontecido en mi pasado más profundo y, de igual manera, estaba inquieta por ciertas premoniciones de calamidades por venir.

Mamá nos visitó de nuevo ese verano. Por fin, ella y papá habían resuelto los detalles de su divorcio. Mamá compartió conmigo lo que, en última instancia, precipitó la separación: había conocido a otro hombre cristiano, Al, en el aeropuerto de Miami mientras visitaba a su hermana. Fue una conexión instantánea pues ambos compartían sus raíces de la Iglesia Pentecostal Unida, por lo que intercambiaron números telefónicos y prometieron mantenerse en contacto. Ella adoraba su contacto visual, su franca honestidad y su responsabilidad; por su parte, él aceptó sus condiciones de salud y las limitaciones que éstas pudieran acarrear. Asimismo, mamá había acudido a un pastor para asesorarse sobre el divorcio y las segundas nupcias y, debido al fracaso de su matrimonio con papá, él la motivó a seguir adelante en su relación con Al. Yo también sentía que el divorcio era esencial para el bienestar de mamá, pero temía que se apresurara demasiado a casarse de nuevo.

Más tarde, Vince y yo conocimos a Al y resultó evidente que era un hombre que amaba a mamá y estaba dispuesto a cuidarla. Pronto, ella se mudó a Florida para iniciar su nueva vida y prepararse para su próxima boda. Sólo compartió con Al información limitada sobre lo que había vivido en Canadá. Se casaron en Miami a principios de abril de 1988 con todos los hijos de ella presentes. Además, estuvieron allí todos los hijos de Al. El nuevo marido de mamá sólo sabía que a papá le gustaban los hombres, mas no conoció todas las experiencias traumáticas que habían ocurrido, y sus hijos no sabían nada en absoluto al respecto.

Mamá portaba un vestido satinado color marfil y zapatos a juego, y yo estuve a su lado como su dama de honor. Tuvimos algo de tiempo para conversar mientras ella se aplicaba polvo traslúcido en el rostro, en el baño de arriba. Mamá estaba muy estresada y el nivel del azúcar en su sangre no era controlable. Me aseguré de que bebiera un poco de agua azucarada y comiera algo, pero parecía estar irritable durante la ceremonia nupcial, aunque no considero que nadie más haya notado las señales que yo detectaba desde que era muy pequeña.

Mis sentimientos fueron muy confusos ese día. Sabía que ella necesitaba a alguien que la amara de verdad y la cuidara. En mil sentidos, ella merecía eso como nadie más en este mundo. Además, Al era un buen hombre y estaba preparado para estar a su lado, pasara lo que pasara. Con Al, ella experimentaría satisfacciones que nunca hubieran sido posibles con papá. La menor de éstas no era el placer de formar su hogar y colocar sus muebles donde ella deseara.

Los distintos novios de papá siempre habían tenido derecho de opinión para decorar nuestra casa. Incluso después de que mamá se mudara a su propio condominio en Toronto, antes de casarse con Al, papá aún dijo la última palabra en cuanto a la colocación de los muebles y las opciones de decoración. Yo sólo sentía que mamá requería tiempo para adaptarse, para encontrarse a sí misma y para recuperarse del último debacle de un matrimonio antes de enredarse en el siguiente.

De regreso en Canadá, Vince y yo visitamos a papá en un restaurante de fiambres en Toronto. Estaba vestido con cómoda ropa deportiva color gris y una camiseta, sentado junto a Ron. Sus modales me parecieron un poco distintos; más frágiles, de alguna forma. Es posible que comenzara a asimilar la realidad del divorcio. Creo que empezó a darse cuenta de que su vida iba a la deriva y de que sus hijos ya habían crecido y buscaban su camino en el mundo, sin él. Su vida avanzaba hacia una de sus fases finales y él todavía no estaba satisfecho. Había perdido a muchas de sus parejas y amistades con el paso de los años y debía sentirse solo. Creo que, en ciertos aspectos, me extrañaba más de lo que nunca pensó.

Había perdido mucho peso. La ropa colgaba de su esqueleto y ya no parecía ser el tipo vibrante que fue. Sus ojos lucían velados y hundidos, como si guardaran secretos sobre los cuales no se atrevían a hablar. Yo intenté ser sensible: tocaba su brazo y su mano, me inclinaba hacia él y lo escuchaba con toda atención mientras lanzaba algunas miradas furtivas a Ron. Éste parecía comportarse de modo sobreprotector con papá, como si estuviera enfermo. Su relación ya era monógama, ahora que papá había disminuido su ritmo. Papá ya no tenía la fortaleza necesaria para ligar o para salir a pasear a los distritos comerciales de Yorkville como antes disfrutaba tanto hacer. Convencida de que me ocultaba algo importante, yo comencé a intuir que moría de sida.

Yo había conocido a una exitosa mujer de negocios mayor que yo, Elizabeth, por medio de la iglesia. Elizabeth había acumulado tres matrimonios fallidos; atrajo a un hombre tras otro, cada uno de los cuales resultó ser un estúpido abusivo y alcohólico. Me identifiqué muchísimo con esa mujer, quien había visitado el infierno y había regresado. Me recordaba a María Magdalena. Yo me sentí cómoda con ella cuando comprendí que no se intimidaría con facilidad ante el tipo de horrendos secretos que yo guardaba. Nos reuníamos con regularidad para beber café en una cafetería de London y conversábamos mucho por teléfono. Ella sólo me escuchaba y me apoyaba; yo confiaba en su instinto, además de valorar sus opiniones y sugerencias.

Elizabeth tenía el tipo de tenacidad que la había ayudado a superar todo lo que la vida le había presentado; yo la valoraba como a un brusco mentor en la vida cristiana. Su fácil empatía y su interés me brindaron un lugar seguro para compartir mis preocupaciones acerca de la salud de papá y mis propios problemas. Cuando mencioné que pensaba que papá podría morir de sida, ella fue empática, se aproximó a mí y tomó mi mano. Le pregunté: "¿Estarás conmigo cuando mi padre muera?". Su respuesta inmediata fue: "Por supuesto". Me prometió no contar a nadie mi situación familiar. Nunca me juzgó ni murmuró a mis espaldas. Ella era una verdadera portadora de la imagen de Cristo.

Un domingo por la tarde, a principios de 1988, de pronto sentí la urgencia de llamar por teléfono a mi padre. Apenas había visto a un hombre, en un corte noticioso televisivo, cuyo parecido con él me estremeció: estaba acostado de lado en la cama de un hospital de Toronto y una máscara de oxígeno cubría casi todo su rostro. El reportero describió las enfermedades respiratorias que con frecuencia atacan a las personas cuyo sistema inmune está comprometido a consecuencia del sida. Yo sabía que papá había sido hospitalizado en fechas recientes y que tenía dificultades para respirar.

El teléfono sonó y papá respondió: "Hola".

Yo titubeé y luego hablé con él con el corazón en un puño: "Papá, ¿cómo estás?"

Su repuesta fue brusca y fría: "¿Por qué me llamas ahora mismo?", preguntó con enfado en la voz, como si yo hubiera interrumpido algo.

Le expliqué que, de pronto, había sentido que él, de alguna forma, estaba en peligro.

"No me molestes con estupideces. ¿Estás loca?"

Fue entonces cuando afirmé: "Todo lo que está oculto será revelado. Todo lo que está en la oscuridad será llevado a la luz".

Desconcertado, colgó el teléfono.

Yo también me sentía bastante desconcertada. No sabía por qué había pronunciado esas palabras, excepto que sentí que luchaba contra alguna presencia demoniaca que, de alguna manera, se relacionaba con mi padre. Fue una faceta de mi carácter desconocida por completo; yo nunca había desafiado a papá así y siempre intenté ser sumisa con él.

Esa noche, luego de que Vince se marchara a trabajar, yo me preparaba para dormir cuando el Espíritu Santo me instó a abrir mi Biblia en Mateo 10. Sin comprender el porqué, lo hice y leí las palabras exactas que yo había dicho a papá. Quedé atónita y oré durante un rato. Apenas había apagado la lámpara sobre el buró de madera de cerezo para dormir cuando me sentí obligada a encender la luz de nuevo y leer Mateo 10:26-27 (NIV) una vez más: "Así que no les temáis, porque nada hay encubierto que no haya de ser revelado ni oculto que no haya de saberse. Lo que os digo en la oscuridad, habladlo a la luz del día; lo que os murmuro al oído, proclamadlo desde los techos".

Las Escrituras me manifestaban que no debía temer a nada de lo que sería revelado en los próximos días. Sentí que papá luchaba para volverse hacia Dios y recé porque así fuera. Entonces, me di cuenta de que, si yo oraba para que papá buscara a Dios, yo también debía buscar a papá. Yo quería soluciones para muchos asuntos y sentí que él estaba más enfermo de lo que quería que yo supiera.

Comenzamos a conversar como nunca antes. Gastamos varios miles de dólares en llamadas telefónicas de larga distancia durante los últimos cinco años de su vida. Yo estaba decidida a obtener, por fin, una relación profunda con él basada en el amor que había anhelado a lo largo de toda mi vida. Asimismo, comenzamos a intercambiar cartas. Él me agradecía las misivas y las llamadas telefónicas recientes y, para expresar su amor, firmaba con una sucesión de x y o.[4] Era el tipo de despedida que uno esperaría de un adolescente de trece años de edad en las garras de su primer amor. No obstante, yo no iba a darme por vencida con papá pues me percaté de que él no había conocido el tipo de amor que, en última instancia, quería expresarme.

En otra carta, me hizo una fuerte advertencia, con tinta roja, para que yo votara por los principios cristianos en una próxima elección. ¿Se había vuelto por fin hacia Jesucristo? En septiembre de 1988, me enteré de que papá había aceptado al Señor. Ésa fue la buena noticia. La noticia no tan buena fue que su aceptación se debía a la intervención del infame televangelista Jimmy Swaggart, quien en fechas recientes había sido sorprendido en el acto de comprar los servicios de una prostituta y cuya lacrimógena confesión de pecado había llegado a los periódicos y a los programas noticiosos a todo lo largo y ancho del mundo angloparlante. Resultó evidente que papá perdonó a Swaggart por su tropiezo y es probable, incluso, que se haya sentido atraído hacia él a partir de entonces. Ambos tenían algunas indiscreciones sexuales en común como hombres.

Es posible que papá no haya encontrado una comunidad local de creyentes a la cual unirse y de la cual recibir enseñanzas bíblicas sobre el perdón y la penitencia. No conozco a muchos homosexuales o exhomosexuales que hayan encontrado en la iglesia el sitio más cómodo y complaciente donde poder abrirse para compartir su vida y sean aceptados.

---

[4] En países angloparlantes se acostumbra escribir XOXO para enviar besos y abrazos al destinatario. Esta costumbre se ha extendido a otras lenguas gracias a los avances tecnológicos en materia de comunicaciones. (N. del T.)

Existen evidentes inadecuaciones en cualquier organización como la de Swaggart: sin la conexión personal de una iglesia pequeña y localizada en la comunidad, no pueden guiar a la gente por completo y de manera individual. Además, la urgente necesidad de obtener fondos de cualquier fuente las obliga a comprometer sus principios fundamentales. Yo había visto de cerca las cualidades de vendedor de papá, quien recibía grandes comisiones al reclutar a los más encumbrados directores de ventas para grandes corporaciones y competir con otras agencias de reclutamiento en Toronto. No podía evitar sospechar que, en gran medida, el atractivo de la organización de Swaggart para papá fuera su sagacidad para los negocios.

De igual modo, la predilección de papá por lo deslumbrante y lo pomposo debe haberlo hecho retroceder ante la perspectiva de tomar su lugar en una comunidad de parroquianos más tradicional. Antes de relacionarse con Swaggart, él se sintió atraído por la primera súper iglesia evangélica en Toronto, The Prayer Palace, una extensiva operación publicitaria situada en el corredor Jane/Finch de centros comerciales, agencias de automóviles y proyectos de vivienda de bajo costo. En un santuario flanqueado por palmeras de plástico y un atril traslúcido marca Lucite, un equipo de pastores impartían maratónicos sermones de motivación; la animación de los eventos corría a cargo de una banda de ocho miembros que interpretaba plegarias y de un coro conformado por treinta cantores.

Estimo que la búsqueda de Dios de papá era sincera. Para entonces, él era un hombre agonizante y lo sabía, incluso si no era capaz de compartir esa certeza con nosotros. Tiemblo al contemplar la magnitud de sus temores y arrepentimientos si miraba en retrospectiva hacia una vida que estaba a punto de llegar a su final. Y dado que su acostumbrada energía había sido abatida por la enfermedad, sospecho que él se conformó con el arreglo espiritual más fácil y rápido que pudo hallar. Yo lo lamento, pero no me corresponde juzgarlo.

Hasta donde sé, papá no recibió alguna instrucción bíblica, pero, tras unos cuantos meses de su experiencia de salvación, papá ocupó una posición de liderazgo en los Ministerios de Jimmy Swaggart y con regularidad emitía cheques de Swaggart con un valor de miles de dólares al mes. ¿Es sólo lealtad y amor filial lo que me hace pensar que, sin importar lo malo y superficial que este acuerdo pueda parecer, redunda más en el desprestigio de Jimmy Swaggart que en el de papá?

Una de las maneras de Swaggart de retribuir a los más poderosos de sus seguidores era incluir sus fotografías e imágenes en los periódicos, los folletos, la papelería corporativa y los sobres que el ministerio enviaba. Uno de esos sobres estaba decorado en su extremo derecho con una fotografía de la mano de papá. La reconocí por el muy distintivo anillo en su dedo y por el reloj. En otra fotografía, Scott aparece con Ron entre otras personas en varias filas de bancas, todos de pie. Asimismo, había un folleto sobre una reunión de campamento; Ron aparecía a la derecha al abrirlo. Scott se había reconciliado con papá y había ido con él y Ron a una reunión de campamento del ministerio de Swaggart. No puedo imaginar quién pensaba Swaggart que era Ron.

Papá había instalado a Scott en un condominio amueblado y equipado con todo lo que pudiera necesitar. Además, le regaló ropa y le asignó un puesto de supervisor en su oficina. Scott tomó cursos de validación para terminar el bachillerato, recibió tutorías y se preparó para ingresar a la universidad, donde obtuvo su título pocos años después. Éste fue un giro milagroso para la vida de Scott, una especie de variante de la parábola del hijo pródigo. Scott no había abandonado un hogar que se preciara de ser cálido y amoroso. En realidad, fue el descuido y el abandono de papá lo que dejó a Scott sin otra opción salvo marcharse. No obstante, Scott había regresado de la tierra perdida y, a su retorno, recibió el tratamiento reservado para los soberanos. Papá intentó en verdad compensarlo por aquellos años perdidos. Es probable que deseara una reunión de ese tipo con su propio padre, luego de marcharse de su hogar a los quince años de edad.

Papá nos informó a Thomas y a mí que, en perspectiva, creía que estaríamos bien y que lograríamos salir adelante por nosotros mismos, pero estaba más preocupado por Scott a largo plazo. Esto hizo que ambos nos preguntáramos si habíamos exagerado nuestra actuación de autosuficiencia y competencia. Como es comprensible, Thomas estaba celoso por todos los favores que Scott recibía. Había hecho su mejor esfuerzo como hijo para obedecer todas las reglas —terminar la escuela y procurarse la vida por sí mismo— sin recibir la exuberante generosidad de papá por ello.

Lo cierto es que papá intentó compensar algunas facetas de su conducta después de su conversión. A pesar de que él y Ron vivían juntos en el condominio de Toronto, dormían en habitaciones separadas y principiaron a abstenerse de las actividades sexuales a partir de que papá ofreciera su vida a Cristo. Aunque aún residían en el corazón de la villa homosexual, dejaron de asistir a los bares y a las fiestas. Los días de seducción y parranda de papá habían concluido.

Su conversión trajo consigo más apertura en nuestra relación. Él compartió conmigo más de los arrepentimientos de su vida y me comentó sobre la sorprendente transformación de sus prioridades. En verdad lamentaba haberse casado con mamá, pero le complacía tener tres hijos.

"Dawn, yo quería tener hijos —me comentó—. Yo te deseaba y nunca me arrepentí de tener hijos. Ustedes fueron deseados. Ni tú ni tus hermanos fueron un error. No quiero que pienses lo contrario, nunca".

He llegado a considerar que esta única confesión es el regalo más grande que jamás me dio. Si la reapertura de las relaciones con papá me expuso también a mucho dolor, esta declaración de su parte, anhelada durante tanto tiempo, hizo que todo lo demás valiera la pena.

Él sentía que había desperdiciado demasiado tiempo en leer revistas y periódicos de negocios, los cuales ya no tenían importancia para él, me confesó. Empezó a leer su Biblia con regularidad, a escribir notas en ésta, a escuchar música cristiana y a mirar videos sobre el mismo tema. Pagó para que Vince y yo pudiéramos comprar un costoso reproductor de videos para que también pudiéramos mirarlos y envió la colegiatura para pagar algunos cursos de mi especialidad en contabilidad y administración que yo estaba a punto de finalizar. Después, nos invitó a Vince y a mí a acompañarlo a la Reunión de Campamento 1988 en Baton Rouge, Louisiana, la celebración anual de los Ministerios de Jimmy Swaggart.

Exactamente antes de la celebración, Vince y yo viajamos a Toronto para visitar a papá y ultimar los detalles de nuestro viaje. Nos reunimos con él en su nuevo despacho, donde por fin había logrado su deseo más preciado: una oficina en esquina con una ventana hacia la calle Bloor. Ahora tenía más de veinte empleados. Los consultores, me presumió, generaban más de 200 mil dólares por año, mínimo. Las cosas nunca habían marchado mejor para él en términos financieros, puesto que recibía un porcentaje de cada comisión como presidente y propietario de una parte de la empresa nacional. Al entrar a ese dominio, todo parecía costoso: desde el escritorio de madera oscura hasta el suntuoso sillón tapizado con cuero. Papá nos saludó al tiempo que se incorporaba en su sillón y luego se estiró como si acabara de despertar. Había sido fiel practicante de la siesta breve desde que yo podía recordar, pero ésta no parecía haberlo revivido tanto como las anteriores.

Titubeante, le pregunté: "Papá, ¿puedo, por favor, sentarme... en tu sillón de escritorio?"

Él asintió para mostrar su aprobación y sonrió. Con todo respeto, pasé junto a él, rodeé el escritorio, sujeté el respaldo de su sillón y sentí su valor y su peso al hacerlo girar para sentarme. El firme asiento era cómodo y exquisito. Fue un instante fuera del tiempo cuando miré a papá y pensé: "Has trabajado toda tu vida para llegar a este momento. Ahora estás a punto de morir y no podrás disfrutar nada de esto".

Todo parecía imponente y permanente, pero, ese día en particular, pude sentir que se disolvía como nieve bajo la lluvia. Es probable que él haya leído mi mente. Con un tono casi casual, mientras miraba a través de la ventana, papá me preguntó si alguna vez iría al monumento del sida si su nombre estaba grabado allí. Aún sin mirarme directo a los ojos, pude sentir la intensidad con la cual esperó mi reacción.

"Desde luego que iría", respondí. Esta hipotética referencia fue lo más cercano a una confesión que recibí de su parte acerca de su próxima muerte.

"Toma", me dijo para cambiar de tema y me entregó su tarjeta de crédito, para luego redactar una nota de permiso para que yo la utilizara. "Quiero que te compres ropa bonita para ir a Baton Rouge." Me indicó que no me preocupara por el costo. Al salir, me dio un breve paseo por su oficina y charlamos con los empleados.

Descendí por el elevador y avancé a través de los corredores de mármol del vestíbulo de la planta baja. Debía iniciar mi excursión de compras, pero, en realidad, no sabía por dónde principiar. Vince me acompañó a visitar las mejores tiendas de ropa para dama en la calle Bloor. En una tienda, vi una etiqueta de ochocientos dólares para un conjunto de saco y falda. Era hermoso, pero yo nunca podría gastar tanto dinero en sólo un traje, por lo que salí y me dirigí hacia Fairweather's, donde hallé ocho atuendos distintos, con faldas, sacos y vestidos, y los compré todos por alrededor de quinientos dólares. Me sentí feliz. Fue la única ocasión en mi vida que he tenido la oportunidad de gastar tanto dinero en mí misma.

Pronto nos reunimos de nuevo con papá. En esta oportunidad, compramos trajes para los chicos. Cada uno de mis hermanos y Vince se probaron pantalones y sacos en una costosa tienda, cerca de la nueva oficina de papá. Él no reparó en los costos. Esos trajes estaban elaborados con los tejidos más finos y portaban marcas de respeto. A continuación, compramos zapatos y cinturones de cuero, además de camisas de sastre a la medida. Cuando llegó mi turno de ir a una tienda de zapatos llamada Bally's, gastamos otros seiscientos dólares en un par de zapatos color marfil y un bolso a juego.

Todo fue demasiado irreal. Nunca antes había disfrutado este tipo de oportunidad. Agradecí de manera profusa a papá y lo abracé mientras guardábamos todos aquellos artículos en nuestro automóvil para regresar a London. Lo admito: mi cabeza estaba perdida en la extravagancia mercantil de todo aquello. Vince, por otra parte, no estaba impresionado. Sabía que no tenía sentido contradecir a papá y sólo le había seguido la corriente. Un nuevo conjunto de prendas de vestir no iba a cambiar su sentido de sí mismo, pero yo no era tan impenetrable a una renovación del guardarropa.

Yo sabía que las apariencias lo eran todo para papá. Se trataba de un juego que yo había jugado desde que era pequeña. En el fondo, yo sabía el motivo por el cual había tenido lugar todo ese alboroto. No se trataba de mí, de Vince o de mis hermanos: papá quería dar la mejor impresión posible a Jimmy Swaggart. Él quería que todos nosotros luciéramos como si tuviéramos dinero y como si él nos cuidara muy bien. Yo no pretendía contradecir los deseos de papá cuando éstos coincidían de modo tan exacto con mi propia vanidad, además de saber que él no estaría presente durante mucho tiempo más.

Entonces, llegó el gran día. Vince y yo tuvimos que partir mucho antes del amanecer para abordar un vehículo que nos transportaría hasta el aeropuerto de Toronto, donde nos reunimos con papá a la impensable hora de las cinco de la mañana. Allí nos encontramos pronto con mis hermanos. Thomas se había casado un año y medio antes y estaba allí con su esposa. Scott, el hijo pródigo, actuaba como si todo marchara bien, como siempre lo hizo durante su infancia.

Ron no fue con nosotros a ese viaje y ese detalle en verdad fue inusual para papá. Tal parecía que la necesidad de papá de tener un hombre era satisfecha por Jimmy como la pieza central actual de su vida. El atuendo de papá era casual: pantalones azules de mezclilla, una camiseta, un abrigo de cuero y una ligera maleta de mano. Su salud había sufrido altas y bajas, de manera que fue bueno que pareciera tener cierta fuerza aquel día. La necesitaría para soportar una jornada entera de vuelos con escalas y paradas breves.

Por fin, llegamos a Baton Rouge aquella noche y alquilamos un Cadillac blanco y lustroso en el aeropuerto para trasladarnos al Hilton, uno de los mejores hoteles de la ciudad.

Nos dirigimos de inmediato hacia el vestíbulo, donde fuimos presentados a Jimmy y Frances Swaggart antes de subir a nuestras habitaciones. De acuerdo con papá, los Swaggart se hospedaban en la suite del pent-house, en el piso superior. El cabello de Frances era perfecto, y su atuendo y arreglo eran impecables. Jimmy portaba el tradicional traje negro con camisa de vestir y corbata. Parecía tener más edad que la que aparentaba por televisión; no obstante, sus modales eran más encantadores mientras más tiempo se convivía con él. Su cabello era más escaso en la vida real y parecía como si lo mantuviera en su sitio con gel. Sus ojos eran profundos, rodeados por círculos por debajo y un conjunto de profundas arrugas alrededor por exponerse demasiado al sol.

Yo estreché sus manos y los saludé. Parecían ser buenas personas, mas no podría decir que confié por completo en ellos. Jimmy me pareció un hombre astuto que sabía cómo ganarse a la gente. A pesar de mis sentimientos mezclados hacia ellos, esa pareja parecía irradiar poder estelar. Me pregunté si Swaggart estaba enterado de la sexualidad de papá. Yo sabía que Jimmy conversaba con papá casi cada semana y que ello lo consolaba, pero dudo que hayan compartido demasiada información personal. Swaggart ocupó los encabezados de las noticias varios años después, cuando sólo expresó desprecio por los homosexuales. En la transmisión de un servicio religioso el 12 de septiembre de 2004, Swaggart declaró que mataría a cualquier hombre homosexual que lo mirara en forma romántica. Swaggart discutía su oposición al matrimonio homosexual cuando agregó: "Jamás en mi vida he visto un hombre con quien me gustaría casarme. Y voy a ser claro y preciso: si uno me mira de esa manera, voy a matarlo y a decirle a Dios que está muerto". Su congregación recibió esta declaración con risas y aplausos espontáneos. ¿Se habría sorprendido mi padre al escuchar tal sentimiento de desprecio expresado por un hombre a quien admiraba tanto? Es probable que no. Por el contrario, supongo que papá se esforzó mucho para que Swaggart nunca supiera lo suficiente sobre él para provocar dicho exabrupto.

Me preguntaba por qué Swaggart había dado a papá una asignación ejecutiva nacional en su ministerio canadiense que otro evangelista de la televisión, de alto perfil, deseaba con ardor. ¿Sólo se debió al dinero y al aura de prosperidad que papá siempre mostró? ¿O acaso era genuino el interés de Swaggart por el crecimiento espiritual de papá? Sin importar la enorme estima que papá sentía por Swaggart y su amor por la atmósfera, la música y la iglesia, me preocupaba que sólo fuera defraudado a nivel profesional.

En ese punto de su vida, la vulnerabilidad de papá era peligrosa pues ansiaba aceptación y un sentido último de pertenencia antes de abandonar esta vida. Yo no dudaba que lo que él buscaba en Jimmy Swaggart era una figura paterna y sospecho que éste lo dejó casi tan frustrado en esa búsqueda de afirmación de su valor como hijo y hombre como papá, por su parte, frustró mi necesidad de recibir afirmación como hija y mujer. Ese tipo profundo de conocimiento y seguridad sólo puede brindarlo un padre, o una figura paterna, que en verdad conoce a su hijo y, de igual forma, permite que éste lo conozca.

En repetidas ocasiones, durante nuestros seis días en Baton Rouge, pude ver la superficialidad de la conexión de mi padre con ese lugar, al cual amaba tanto que me dijo, apoyado en almohadas y tras tomar toda suerte de medicamentos y píldoras especiales: "En verdad me gustaría morir aquí, Dawn".

Durante nuestro primer día entero en Baton Rouge, dimos un paseo por los edificios asociados del ministerio con el presidente de la Universidad Bíblica de Jimmy Swaggart. Papá mencionó que si quería que uno de aquellos edificios levara su nombre, debía contribuir con algunos millones de dólares. En el Family Worship Center, una tarde, papá se marchó un rato a la grabación del programa para el Día del Padre que sería transmitido en 1991. Muy pocos minutos de ese programa especial para el Día del Padre fueron dedicados a otro tema que no fuera la recolección de fondos, y muy pocos hombres en este planeta estaban menos calificados que papá para transmitir las reflexiones y los consejos sobre la paternidad plena. Sin embargo, él lucía bien y todos sus arruinados hijos estábamos con él en Baton Rouge, de modo que papá pudo compartir sus perlas de sabiduría paterna. En realidad, papá se sentía muy débil ese día, pero, al no querer decepcionar a nadie, continuó con aquella farsa mientras nosotros nos ocupábamos de mirar las mesas con discos, cintas y libros de canciones. Las mercancías estaban por todas partes.

Luego de la grabación, papá se reunió con nosotros en la tienda. "¿Qué opinan de estas joyas?", preguntó. Acto seguido, eligió un vulgar broche que decía JESÚS con letras mayúsculas formadas por joyas de cristal cortado; él ya había notado que varias de las más ostentosas damas de la concurrencia los portaban. Me regaló uno y eligió otro más para mi suegra como regalo. Después, me preguntó si quería algunos libros de música. Yo me aproximé al estante y escogí tres libros de música: *100 Favorites Jimmy Swaggart Songbook, Jimmy Swaggart Heaven's Jubilee Songbook* y *Great Hymns of the Church by Jimmy Swaggart*. Resulta bastante patético, pero me sentí agradecida por esos regalos; me complacía mucho pasar algún tiempo a solas con papá, incluso si lo desperdiciábamos en curiosear entre las baratijas y los recuerdos de Jimmy Swaggart. Cuando menos estaba junto a mí y yo recibía un poco de su atención.

Teníamos asientos preferenciales en las reuniones de campamento y, en un servicio, papá fue llamado en forma especial a la plataforma para orar. Tras la última de las extenuantes sesiones de la "reunión de campamento", por fin pudimos conocer a Jimmy y a Frances en una situación más relajada. En un pintoresco restaurante, la pareja real fue recibida en silencio y conducida a un espacio reservado en la mesa principal, flanqueada por sus seguidores más generosos. Resultaba extraño y triste observar juntos a Jimmy y Frances. Era evidente que eran personas muy discretas y que sopesaban cada palabra que salía de sus bocas. Yo respeté su obvia educación y sus reservadas maneras; no obstante, me pregunté cómo podía él continuar con su ministerio después de lo que había sucedido de manera tan pública.

A ambos lados de Jimmy y Frances se sentaron pastores con sus esposas y otros personajes influyentes de la organización; a algunos de ellos los había visto por televisión ese mismo año, cuando Swaggart había hecho su lacrimosa confesión de haberse vinculado con una prostituta. Nosotros también ocupamos nuestro sitio en aquella larga mesa. Papá tomó asiento casi enfrente de Jimmy y Frances.

Con todo lo que había vivido en fechas recientes en términos de escándalo, yo no podía evitar sentirme impresionada por el valor de Swaggart para presentarse ante nosotros de esa forma. No creo que muchas personas pudieran ponerse de pie luego de soportar tanto ridículo y humillación. Muchos de sus seguidores habían tomado el incidente de la prostituta como señal para dejar la iglesia. Resultaba obvio que ésa fue una época difícil para él y su familia. Comprendí al mirarlo que nunca se permitiría a sí mismo decir mucho en nuestra presencia. Él y papá tenían un don similar para lograr que la gente hiciera su voluntad sin revelar sus cartas.

En un momento dado, papá se inclinó hacia el frente y preguntó a Jimmy: "¿Crees que debería dejar de tomar mis medicamentos?" Papá consideraba la posibilidad de ponerse en manos de la misericordia de Dios y esperar una recuperación milagrosa.

Con toda sabiduría, Jimmy, quien no sabía nada en absoluto acerca de la enfermedad de papá, no hizo ninguna recomendación en sentido alguno.

Después de que sirvieron la comida, Jimmy se levantó de su asiento y, con toda deferencia, ofreció té helado a cada comensal. Me pregunté por qué hacía eso. ¿Cuáles eran sus motivos? ¿Sólo se trataba de un humilde y gracioso gesto de agradecimiento a sus seguidores más leales? ¿O se suponía que interpretaba ese tipo de acciones al estilo de Cristo, como una especie de afectada variación de Louisiana de cuando Cristo lavó los pies de sus discípulos? Como muchas otras cosas más acerca de esa reunión de una semana de duración, ese gesto de despedida partió mis sentimientos a la mitad.

Por otra parte, me agradaba que papá hubiera encontrado un hogar espiritual que parecía brindarle alguna especie de solaz durante sus días finales, según podía comprender cada vez con mayor claridad. Sin embargo, hubiera deseado que ese hogar fuera alguno que en realidad asesorara a un cristiano en un momento tan desesperado como el que papá vivía, donde el centro de atención fuera Cristo y no un fallido mensajero con una necesidad insaciable de acumular dinero. En ese peligroso periodo de su vida, papá necesitaba una Iglesia donde desecharan el broche de diamantes falsos y, en lugar de ello, adoraran la corona de espinas. Donde los seguidores no sólo leyeran los libros de canciones del sobrevaluado Jimmy Swaggart, sino que confesaran y se arrepintieran de aquellos pecados que más pesaran en su corazón. Donde no se sentaran alrededor de bebidas heladas, sino que se lavaran en las aguas de la salvación.

Terminó la cena; Jimmy y Frances se levantaron y fueron conducidos fuera del comedor, rodeados por una protectora falange de sus seguidores más cercanos. Cuando nuestro grupo se incorporó para marcharse, no pude evitar observar que papá lucía tan sereno y feliz como nunca lo había visto y me sentí poco honorable por concebir esas ideas. Me di cuenta, una vez más, de que, sin importar lo confundidos que estuvieran mis sentimientos sobre ese lugar, no me correspondía juzgar la forma de manifestación religiosa que mi padre eligiera. Mi única obligación era rezar por él y continué con ello durante los meses finales de su vida.

El final del muelle

P apá y yo nos telefoneamos y nos enviamos cartas de manera constante, además de visitarnos cuando podíamos; en especial, en fechas navideñas. Para nuestra última cena de Navidad, papá apenas podía caminar y no toleraba mucha comida sólida. Yo preparé el postre, gelatina roja, para la mesa de ese hombre que siempre se sintió orgulloso de su sofisticado paladar y de comer bien. De regalo, mis hermanos y yo habíamos contribuido para mandar confeccionar una manta de casimir bordada con nuestros nombres. Thomas eligió el color, el cual me dio un poco de repulsión dado que el lavanda es para los homosexuales lo que el verde es para los irlandeses. ¿Acaso papá no intentaba alejarse un poco de esa asociación o, cuando menos, de minimizar su importancia en su vida?

Sin falta, papá escribía sus cartas en el papel membretado especial de Jimmy Swaggart. A pesar de que aún vivía con Ron, quien le brindó maravillosos y atentos cuidados a lo largo de su batalla perdida contra el sida, papá cesó toda actividad sexual. Él no me lo contó; Scott lo hizo. En nuestras conversaciones finales, tanto escritas como verbales, papá reflexionó sobre su vida, compartió conmigo sus sentimientos como nunca antes y reconoció que muchos de los problemas que nunca había enfrentado eran de naturaleza espiritual.

Él aborrecía en forma profunda el abuso que había soportado en su niñez y su tóxica relación con su padre. Calculó que había sido acosado y sodomizado cuando menos en cien ocasiones antes de escapar a los quince años de edad. A pesar de que nadie podría condenarlo por escapar de un infierno así, él sabía que su partida sólo dejaba a otros miembros de su familia, como Bea, a merced de una horrible bestia inmisericorde. Creo que se dio cuenta de que su partida también había establecido el patrón de abandono por el cual, por su parte, él provocaría tanto dolor en muchas otras personas. La lista de individuos a quienes había herido no sólo se limitaba a su esposa e hijos, sino a una serie de amantes homosexuales, algunos de los cuales llegaron a depender de él de un modo tan absoluto que se suicidaron para no tener que enfrentar la vida en su ausencia.

Sin importar lo mucho que mejorara nuestra relación en aquellos días finales, no todo pudo repararse. En parte, ello se debió a una reticencia mía, aprendida durante mucho tiempo. Dado que papá compartía conmigo los horrores y la humillación del abuso que había sufrido en su niñez, pudo haber parecido que existía una apertura natural para discutir el abuso y la perversión que también habían arruinado mi infancia. Cuando traje a colación el tema de la disciplina física, es decir, los golpes que mamá nos administró con el empleo de las correas y las varas que él mismo llevó a casa, papá fingió ignorar que esos castigos hubieran ocurrido jamás y me aseguró que les hubiera puesto fin si sólo se hubiera enterado. No creí en su negativa ni un segundo, mas comprendí que eso era lo que él deseaba creer con desesperación.

Papá estaba tan frágil tanto a nivel corporal como espiritual en esa época que dejé el tema por la paz. Si él no estaba preparado para poner su parte de honestidad en cuanto a la realidad de la vida en nuestra casa, yo sabía que sólo me arriesgaba a provocar una discusión o a lastimar sus sentimientos. De ninguna forma me plantaría yo en el lado equivocado de ese hombre que siempre había ejercido mucho poder sobre mí. Tampoco pretendía arriesgarme a perder ese nuevo acceso y esa apertura con mi papá. Incluso si no era honesta por completo, incluso si no hizo posible que se encendiera una luz en algunos de los rincones más oscuros de nuestra vida, esa nueva atmósfera entre los dos de cariño y apoyo era algo que yo había anhelado desde que nací. Con 28 años de privación por compensar, me propuse disfrutarla tanto como pudiera.

Durante su última primavera, el tratamiento médico de papá y su propia constitución resistente le permitieron recuperarse hasta una aproximación de su energía y salud acostumbradas por un breve periodo. Fue terrible y descorazonador verlo retomar algunas de sus costumbres inmorales y entrometidas. ¿Fue sólo la perspectiva de la muerte lo que había convertido a papá en una mejor persona? ¿O quizá los medicamentos interferían en su juicio? Preferiría creer lo segundo.

Yo estaba estresada al máximo en aquel tiempo. Distraída por la inminente muerte de papá, también luchaba por mantenerme a flote en una de las peor equipadas y maliciosas oficinas donde tuve la desgracia de trabajar. Papá sabía cuánto odiaba yo ese empleo y con cuánta amargura me aferraba a éste dado que las finanzas en mi casa pasaban por un momento de estrechez. Temprano, un día entre semana, papá me llamó a la oficina. Había estado despierto la mitad de la noche y había ideado un esquema que resolvería todos mis problemas. Mi empleo actual estaba condenado al fracaso, según dijo. Estaba a punto de perderlo y eso fue con exactitud lo que sucedió exactamente dos semanas después. Lo que yo debía hacer, me indicó, era separarme de todo aquello que constituyera un lastre para mí.

No fueron sólo recomendaciones, sino órdenes. Yo debía dejar a Vince de inmediato y empezar a tramitar mi divorcio. Agregó que Jimmy Swaggart opinaba lo mismo. Vince era un perdedor que me impedía disfrutar del tipo de comodidades económicas que me correspondían por derecho de nacimiento. Fue el tipo de recomendación que también había escuchado por parte de mi madre y hermanos en el pasado, pero yo pensé que papá y yo habíamos logrado un reciente avance a un nuevo nivel de respeto entre nosotros. Tal parecía que no era así. Yo debía abandonar London, nuestro hogar y nuestra iglesia, me explicó, y regresar a Toronto, donde él me ayudaría a establecerme en mi nueva vida. Y si no aceptaba el enormemente razonable plan que había estructurado, papá aseguró que ya no recibiría su ayuda financiera. Estaba dispuesto a suspender el cheque que de manera ocasional nos enviaba para pagar nuestra factura telefónica y, si no obedecía sus órdenes, también me excluiría de su testamento.

Me estremeció su ultimátum. Ni por un segundo consideré la posibilidad de hacerle caso; sin embargo, todos los progresos que habíamos conseguido a lo largo de los dos años previos parecieron evaporarse con sus despreciables palabras. Menos de una hora después, papá volvió a llamarme con un indulto, aunque su voz aún sonaba inundada de amargura. En el rato que pasó desde nuestra última conversación telefónica, en realidad él había llamado a Baton Rouge para averiguar lo que El Grandioso opinaba sobre su plan. Con un tono de voz decepcionado, papá señaló: "Acabo de hablar con Jimmy Swaggart y me dijo que no puedes divorciarte. No sería lo correcto. Por tanto, olvídalo".

"De acueeerdo, papá. Si Jimmy lo dice, entonces yo olvidaré cada odiosa palabra que me dijiste". Este postrer giro sólo hizo más profunda mi depresión. Dentro de su propio corazón, bajo su propia luz, papá no podía encontrar razón alguna para honrar el hecho de que yo amaba a Vince, que me había entregado a él y que mi intención era permanecer a su lado. Tampoco se molestó en mencionar si yo seguiría siendo objeto de su gracia. En realidad, lo dudaba, mas de ningún modo, le preguntaría: "Entonces, si después de todo no tengo que dejar a Vince, ¿eso significa que me incluirás de nuevo en tu testamento?"

Cuando llegué a mi casa esa noche, comenté con Vince las llamadas telefónicas. Como es comprensible, al principio se enfadó y luego se consternó; no obstante, pronto consiguió adoptar una postura respecto de todo aquello que me confirmó lo buen hombre que es. "Dawn, tu padre no está en sus cabales", me expresó Vince con una caridad y una calma que yo no podía comprender. Ni siquiera era yo la primera persona a quien papá había despreciado. Cierto es que había ofendido mi integridad y mis sentimientos, pero no había dicho que yo era un prospecto inútil que sólo merecía ser arrojado por la borda para alimento de los tiburones. "¿No te das cuenta? —agregó Vince—. El sida y los medicamentos le han cobrado una factura muy alta. No es él mismo quien habla. Tendremos que perdonar esto". Y así lo hicimos.

Pronto, papá comenzó a sentirse mal de nuevo; la enfermedad regresó con ferocidad renovada y nunca más soltó este lado del sepulcro. Papá nunca admitió que esa enfermedad final se asociaba con el sida. Era cáncer. Simple y llano cáncer. Se debilitó tanto que, durante nuestras últimas visitas, yo no tenía permitido acercarme demasiado a él en caso de que pudiera exponerlo a gérmenes contra los cuales no tenía defensas. Antes de comer o beber cualquier cosa, él o Ron debían limpiar con todo cuidado los platos y los vasos. La fortaleza escapaba de su cuerpo ante la más breve exposición a cualesquiera infecciones virales o bacterianas en el aire o en las superficies.

El agresivo sarcoma de Kaposi, una condición que causa tumores cancerosos malignos en aquellas personas con sistemas inmunes suprimidos, había invadido el cuerpo de papá para la batalla final. Esas lesiones cancerosas explotaron por todas partes y causaron excrecencias purpúreas y con forma de uvas que supuraban en toda la piel de su rostro, espalda, brazos, muslos y pies. También, invadieron su tracto gastrointestinal, pulmones y otros órganos internos, lo cual le provocaba inmenso dolor al comer y beber, le dificultaban la respiración y le ocasionaban accesos de tos. A pesar de haber soportado intensos tratamientos de radiación y quimioterapia, los cuales por sí mismos le producían severos dolores de cabeza, náuseas y vómito, en esta ocasión no fue posible contener el avance de la enfermedad.

En la última carta de papá para mí, su escritura está tan deformada por el dolor que es casi ilegible. "Me disculpo por no llamarte con tanta frecuencia, pero el cáncer está en su apogeo —escribió—. Busco al Maestro con todas mis energías, dado que algunos de los nuevos tratamientos son más dolorosos.

Estaré confinado a una cama un par de meses, durante las radiaciones de mis pies. Por favor, busca la voluntad de Dios para mi vida. A pesar de que deseo ver a aquel que vierte su espíritu a través de mí dos o tres veces por semana..., mi familia no se ha sometido por completo y el infierno es muy real. Oh, que lo conocieran en el poder de su resurrección. Perdona mi letra, pero la tarde no ha sido buena... Dawn, Él es todo lo que necesitamos, Jesús es todo lo que necesitamos. Lo amo más allá de lo que las palabras pueden expresar. Él, Jesús, rompió mi esclavitud y me hizo libre. Él me dio una profunda hambre de su espíritu. Lo necesito mucho. Debo cerrar esta carta para enviarla por correo. Tu papá en Cristo. XOXO".

El 10 de octubre de 1991, vi a mi padre por última vez. Al reconocer que papá no era su más grande admirador y al no querer interferir en la que temíamos que fuera mi última conversación con papá, Vince me esperó en el automóvil.

Cuando me abrió la puerta con una inconsolable expresión en su rostro, Ron me hizo sentar en un sofá de cuero verde con la intención de prepararme para la impresión de ver la apariencia actual de papá y para advertirme que fuera lo más gentil posible con él. De pronto, Ron se sobresaltó al escuchar un grito de dolor de papá desde la habitación contigua. Con gestos, me indicó que conservara la calma, se incorporó deprisa y partió a inyectar más morfina en el catéter conectado a las venas de mi padre.

Siempre había sentido resentimiento contra Ron y todos los demás novios que se habían interpuesto entre papá y yo. Nuestra relación nunca sería cálida, pero, al ver que Ron corría para aliviar el dolor de papá, sentí un agradecimiento inmenso porque él estaba allí y lo atendía de una manera incansable y generosa. Nadie más de nuestra familia hubiera podido soportarlo ni se hubiera molestado en hacerse cargo de esa tarea. Mamá no había visto a papá en cuando menos tres años y ya me había dicho que no asistiría a su funeral. Desde luego, ella tenía la excusa de vivir en Florida con su nuevo esposo; yo vivía en London con Vince; mis hermanos tenían su propia familia y vida por atender. Sin embargo, en el peor de los casos, cuando la mejoría se convirtió en empeoramiento y la flamante salud se transformó en enfermedad agonizante, la única persona que en realidad se mantuvo junto a papá, minuto a minuto, fue Ron. En el transcurso de catorce años, él se había convertido en algo mucho más firme y delicado que sólo un amante para divertirse.

Una vez que la morfina comenzó a adormecer el dolor de papá, yo entré a su habitación. Lo primero que noté fue cuánto había adelgazado. Su rostro era sombrío y sus ojos parecían hundidos y apagados, como si estuvieran cubiertos por párpados traslúcidos. Ya no podía caminar. Debajo de varias mantas y cobertores, yo podía ver el contorno de sus ahora inútiles piernas y un bulto con la forma de sus rodillas. Estaba sometido a un dolor inconcebible, ya que el sida había anulado toda inmunidad contra el cáncer que devoraba su cuerpo. Los médicos habían querido amputar uno de sus pies, pero papá se negó por completo a permitir que eso sucediera. Él no se marcharía a pedazos.

Papá yacía allí, casi inmóvil excepto por la ligera elevación y descenso de su pecho y el parpadeo de sus ojos, los cuales casi no parecían identificar quién se encontraba en la habitación. Yo quise tocar sus pálidas y lánguidas manos. "¿Puedo tocar tus manos? —pregunté mientras acercaba las mías en un gesto tentativo—. ¿Te importa si lo hago?".

"Sí", murmuró apenas a través de sus labios cuarteados, con la ambigüedad acostumbrada que flotaba entre nosotros. ¿Sí, puedo tocarlas? ¿O sí, te molesta? Con gentileza, apoyé mis manos sobre las suyas y éstas no se movieron ni se apartaron. Pude sentir la delgadez, como pañuelo desechable, y la frialdad de su piel, además de los frágiles huesos justo debajo. Allí estaba el hombre cuya atención siempre anhelé mantener durante el tiempo suficiente para poder hablar. Por fin, él estaba quieto: no se alejaba ni intentaba salir por la puerta para estar con alguien más, pero ya no podía comunicarme con él. Al saber que alguien estaba allí, aunque sin poder identificar de quién se trataba, papá preguntó: "¿Es ésta mi hija?"

"Sí, papi, soy yo", respondí.

"¿Es ésta mi hija?", repitió, como si no me hubiera escuchado. "Dile que la amo".

Por fin, había pronunciado esas preciosas y anheladas palabras. Sobre mí, sí. Pero no a mí. ¿Hizo gran diferencia el hecho de que su expresión de amor fuera indirecta? ¿Estaba yo tan bien entrenada en la cruel decepción paterna que no pude recibir sus palabras como nutrientes para mi alma? ¿Acaso no significaban lo mismo, sin importar cómo las hubiera dicho? Aún no conocía las respuestas a esas palabras. Sólo sabía que mi padre, ese hombre tan temido y por quien, a la vez, había anhelado ser amada a lo largo de toda mi vida, ya se había alejado en forma irreversible de mi alcance.

"¿Vendrías conmigo al final del muelle?", me preguntó casi veinte años atrás, con lo cual disparó explosiones de temor e incertidumbre en mi corazón. Yo había tragado ese temor durante toda mi vida y había intentado permanecer tan cerca de él como podía, hambrienta de cualquier migaja nutritiva que él arrojara en mi dirección. Sin importar el daño hecho, sin importar la restitución que logramos a últimas fechas, sin importar cuáles abismos entre nosotros hubieran quedado infranqueables y sin importar las palabras que no se dijeron, hasta aquí llegaríamos juntos a lo largo de aquel muelle. Así como él tomó la fotografía y luego se marchó sin pronunciar palabra alguna aquel distante día de verano, yo ahora miraba alrededor de su habitación, con los ojos anegados en llanto, y asimilaba cada detalle que pude durante esos últimos momentos de mi padre sobre esta Tierra. Me sentí muy conmovida y agradecida al ver que la pintura que yo le había regalado con un velero en calma aún colgaba en la pared, junto a la puerta. Quizá sería, o ya había sido, lo último que él viera. Recé para que el mismo tipo de serenidad representado allí lo esperara mientras avanzaba a solas más allá del final del muelle. Él moriría en menos de 24 horas, a las nueve de la noche de la víspera del Día de Acción de Gracias, a los 51 años de edad.

Scott llamó por teléfono para dar la noticia de la muerte de papá mientras Thomas, Vince y yo nos dirigíamos a la casa de nuestros tíos para el festín de Acción de Gracias. Sucedió que Vince y yo ya habíamos programado unas vacaciones de nuestros empleos, lo cual nos liberó para vivir lo que sería una semana de enormes repercusiones y revelaciones. Thomas hizo una serie de llamadas a la agencia funeraria e insistió para que nos informaran la causa del fallecimiento de papá. Él desechó una mentira piadosa tras otra hasta que por fin dijeron la verdad y pronunciaron la palabra con "S". En el fondo de nuestros corazones sabíamos que se trataba de sida, pero esa confirmación objetiva del hecho tuvo el poder de hacer girar mis pensamientos.

En aquella época, el sida aún cargaba un enorme estigma. La compañía educada retrocedía si se mencionaba la palabra. Muchas personas eran todavía tan ignorantes sobre la enfermedad y sobre cómo se contagia que se negaban a saludar de mano o a dar un abrazo de consuelo cuando se enteraban de la forma como papá había muerto. Es triste decir que uno de los peores ambientes de superstición y negación acerca del sida era la Iglesia. Yo llamé por teléfono a mi amiga mayor, la del estilo de María Magdalena, Elizabeth, y le solicité transmitir la noticia a mi pastor, pero sabía de antemano que no debía esperar expresión alguna de reconocimiento o simpatía de su parte. De hecho, no la recibí.

Thomas estaba tan devastado como yo, pero, punzante debajo de su pena durante esos dos primeros días, había una resplandeciente y palpable rabia. Lejos de nuestros parientes y de regreso en el apartamento de Thomas, la noche de Acción de Gracias, Vince y yo nos alarmamos al descubrir que él había pateado una de las puertas de su armario a causa de un arranque de rabia; además, la había desprendido de los goznes y la había reducido a astillas. Thomas estaba mucho más enterado que yo del estado financiero de papá. Tenía lo que resultó ser una corazonada bastante acertada de que, entre las astutas maquinaciones de la organización de Jimmy Swaggart y la posición de favoritismo que Scott y Ron habían cultivado a lo largo de los últimos años, él sería excluido del testamento.

Yo sabía que papá y Thomas habían tenido un desencuentro bastante grave cuando mi hermano ostentó ese cargo ejecutivo de reclutamiento y cuando compitió de igual a igual contra papá por las comisiones. En una de nuestras últimas conversaciones lúcidas, papá mencionó que, en su opinión, Thomas era demasiado materialista. Como siempre, yo no tuve el valor de responderle: "Oh, papá, me pregunto de quién lo heredaría". Tampoco le pregunté si había "alguna otra queja del comal contra la olla". Resultaba inútil señalar hipocresías o contradicciones en la conducta de papá. Él era insensible a la lógica o a la consistencia. Al mismo tiempo que papá fastidiaba a Thomas por sólo desear dinero, me criticaba a mí por no desearlo, cuando me aconsejó que abandonara a mi esposo y la vida que habíamos hecho juntos para avanzar por la vía rápida de producir dinero sin algún tipo de aburrido impedimento humano.

Esa última noche en el condominio de papá, Ron mencionó que Thomas había hecho intentos casi desesperados por acercarse a papá durante su semana final y que había expresado ira por haber sido maltratado y rechazado. Él quería las mismas consideraciones que yo pretendía. Resultaba evidente que Thomas había iniciado esas reparaciones demasiado tarde, lo cual, sin duda, aceleró su rabia demoledora de puertas. Al acostarme esa noche con Vince, hablamos acerca del prospecto del testamento. Sin una confianza real en cómo resultaría el asunto, le juré a Vince: "Sin importar lo que reciba de los bienes de papá, lo compartiré todo a la mitad con Thomas si él no recibe nada".

La misma noche que papá murió, su héroe Jimmy Swaggart fue sorprendido en su segunda aventura con una prostituta. El escándalo inmediato, resultado de su segundo tropiezo, canceló cualquier esperanza de que El Grandioso diera el elogio fúnebre en el funeral de papá, de manera que envió a uno de sus subordinados en su lugar, un hombre que sabía mucho menos sobre papá que Jimmy.

Antes del servicio, cuando el ataúd aún estaba abierto, Thomas se acercó a mí y me dijo: "Papá debe sentir frío. Tenemos esa manta que le regalamos en Navidad. ¿Por qué no vamos todos y lo cubrimos con la manta?".

Hice a un lado mis confusos sentimientos respecto de la manta color lavanda. Ese sereno momento de los tres hijos de pie, juntos, en oración y pena silenciosas reside en mi memoria como el único gesto o tributo puro en todo el servicio. Una vez que fue sellada la tapa del ataúd, se colocó una docena de virginales rosas blancas sobre éste; un detalle tan inapropiado en la muerte como papá lo fue en vida. El discurso que impartió el subordinado de Jimmy, en el cual alabó la filantropía de papá con el Ministerio Swaggart y casi no reconoció la existencia de ningún otro detalle de su vida, fue patético.

Tras la ceremonia de entierro, los hermanos, los cónyuges y Ron fuimos a cenar a un restaurante con el subteniente de Swaggart. Ese insensible remedo de hombre intentó aligerar nuestros ánimos con algunos chistes vulgares sobre el adulterio. Cuando no fue insensible, se comportó con evidente zalamería y nos dijo que Jimmy haría cualquier cosa que fuera necesaria para ayudarnos a superar esos momentos tan difíciles. Fue ese tipo de reuniones que hacen que cualquiera no desee otra cosa que una ducha purificadora.

Un par de semanas después, volvimos a reunirnos los mismos, excepto el bufón de Swaggart, para revisar el testamento y los bienes de papá. Thomas y yo recibimos cincuenta mil dólares. Es más de lo que muchos hijos reciben jamás de los bienes de sus padres y lo cierto es que a Vince y a mí nos ayudó a pagar nuestra hipoteca y a establecer una base monetaria más sólida para la vida; no obstante, para mi gemelo de altas aspiraciones, sus cincuenta mil dólares fueron una cantidad ridícula. Yo esperaba que él aceptara con alegría ese dinero que bien merecía, de no ser por algunas graves disparidades en la manera como papá eligió repartir su fortuna. En última instancia, nuestro hermano pródigo, Scott, recibiría quince veces más dinero que nosotros. El Ministerio Swaggart recibió otros doscientos mil dólares, lo cual, sumado a lo que habían tomado de papá en vida, superó la marca del millón de dólares. Ron recibió el condominio y todo su mobiliario, además del Cadillac de papá.

Cualquier remanente de esos activos sería dividido a partes iguales entre Ron y Scott. Ellos dos, compañeros de papá en múltiples viajes al centro de operaciones de Swaggart en Baton Rouge, fueron los favorecidos y conservaron el control sobre la empresa de papá y la mayor parte de sus posesiones. Al descubrir pronto que el pequeño imperio de papá no se desempeñaba de modo tan eficiente sin él a la cabeza, ninguno de los dos decidió apropiarse de la compañía; incluso comenzaron a vender algunos de los activos mientras papá yacía agonizante, con lo cual disminuyeron los impuestos que tendrían que pagar por las posesiones. En última instancia, el negocio que papá les había legado dejó de ser solvente, las acciones perdieron todo su valor y sus puertas se cerraron en forma permanente.

Ni Scott ni Ron continuaron con el Ministerio Swaggart o con alguna otra afiliación eclesiástica. Ron se quedó a vivir en el viejo condominio de papá y pronto empezó a vivir con otro hombre. Esa relación duró cinco años más, hasta la misma muerte de Ron en 1996 a causa del sida.

Tres flores

Alrededor de la fecha del fallecimiento de papá, yo finalizaba mis cursos de contabilidad y buscaba empleo; por su parte, Vince se había inscrito a algunos cursos de medio tiempo en la Universidad McMaster para aumentar sus credenciales en trabajo social. Al inicio de la primavera de 1992, yo principié a acompañar a Vince en el trayecto de noventa minutos a Hamilton, dos veces por semana. Era una oportunidad magnífica para estar a solas con mi esposo. Me encantaba que saliéramos juntos en la oscuridad previa al amanecer, beber sorbos de café caliente y bajar un poco la ventanilla a medida que el sol naciente entibiaba el paisaje a través del cual avanzábamos. Esas excursiones representaban un oasis de ocho horas ininterrumpidas lejos del mundo. Nadie podía localizarme esos días. Yo no estaba disponible para nadie y, durante las horas en que Vince estaba en clases, yo me abría camino hasta el rincón de una biblioteca o encontraba un lugar para sentarme, calentado por el sol, donde podía leer un libro o escribir en mi diario. Por lo regular, escribía.

McMaster era la universidad a la cual Thomas y yo habíamos intentado asistir como una manera de escapar del opresivo control de papá. Ahora, su muerte había abierto esa misma puerta de prisión de par en par y yo, por fin, era libre —¿verdad que sí?— para soñar sobre mi futuro y trazar el camino que tomaría; pese a ello, cuando llegó el momento de destapar mi pluma y sacar a pasear mis sueños, me sorprendió leer lo que brotó entre las páginas de mi diario: palabras tan horribles, violentas y crudas como la sangre de una herida abierta. No pude mirar hacia el futuro en absoluto pues estaba atrapada en mi pasado, como si se tratara de alguna especie de trampa de metal. Podía retorcerme y patalear en su puño, pero pronto comprendí que no podría ir hacia ningún lugar nuevo hasta no hallar alguna forma de liberarme del pasado.

El mero hecho de escribirlo fue un inicio. Fue la misma vieja letanía: el abuso y la perversión de mi niñez, los temores y la depresión que había albergado desde mi infancia más temprana, la confusión y la incertidumbre resultantes sobre mi propia sexualidad. No fue divertido o placentero escribir nada al respecto, aunque emanó de mi interior sin poder contenerlo. No obstante, dentro de mí, había una nueva disposición para enfrentarlo. En esta ocasión, quizá con cierta inocencia, creí que tenía una oportunidad para luchar. Cualquier sentido que pudiera encontrarle a todo, cualquier progreso que pudiera lograr hacia la verdad y la salud, esos avances no se borrarían a la siguiente semana o mes con la primera llamada telefónica o visita de papá.

Mamá aún estaba cerca, mas ella no tenía el mismo poder sobre mi psique. Nunca lo había tenido y, tal vez por desgracia, nunca lo tendría. Para empezar, ella se había casado de nuevo y vivía en Florida. Me llamaba y conversábamos acerca de sus preocupaciones y problemas de salud, siempre y cuando yo no le impusiera limitantes a las comunicaciones para poder terminar con mis estudios. A pesar de eso, nada de lo que ella dijera tenía el poder de alterar mi bienestar como papá podía hacerlo con el simple arqueo de una ceja. Mientras llenaba un diario tras otro, descubrí que lidiaba con mis padres por separado y que generaba una nota sobre mamá por cada diez sobre papá. Ella había sido una madre débil e inconsistente. Ya lo sabía. Su apoyo había sido lamentable y escaso, incluso cruel cuando ni siquiera podía sobrellevar los problemas ella misma; sin embargo, yo no podía enojarme demasiado con ella por algo que sentía que en realidad no había sido su culpa. De manera intuitiva sentí que ella era, en primera instancia, un reactor, y que no había sido la fuente principal de la miseria de nuestra familia.

Sentí emoción al confrontar por fin esos secretos imposibles de verbalizar, incluso una ligera especie de liberación por revelar lo que antes había permanecido oculto con todo cuidado, sin importarme quién viera qué. Me sentí como un médico forense que retira la sábana que cubre un cadáver desfigurado y dice: "Muy bien, helo aquí en toda su repugnancia. Ahora intentemos comprender qué sucedió".

Una vez que escribimos algo en papel y tenemos que leerlo, aquello adquiere una nueva e insistente realidad. Con sólo redactar todo eso me di cuenta de que no podía hacerlo a un lado de nuevo. Ahora, tenía que dirigirlo. En el camino hacia McMaster cada mañana, Vince y yo hablábamos, sobre todo, del trabajo de él. Yo criticaba sus ensayos con regularidad y lo ayudaba a mecanografiar el manuscrito final. De camino a casa, Vince me devolvía el favor y se enfocaba más en mí; entonces, hacía comentarios y sugerencias acerca de las revelaciones que yo había sacado a la luz en la escritura del diario de ese día. Aunque Vince conocía el tenor y la extensión general de lo que yo había vivido, los detalles crudos eran nuevos para él. Y, bendito sea, nunca retrocedió. Esas sesiones en verdad me ayudaron a desahogarme y, para cuando volvíamos a London cada día, lo primero que yo debía hacer era arrastrarme a la cama y dormir con sueño muy profundo durante dos horas.

Vince fue muy paciente y comprensivo durante esa época. Desde el día en que me conoció y, por supuesto, desde el día de nuestro compromiso, Vince supo que yo sería una esposa muy demandante en términos psicológicos; no obstante, él nunca me presionó para que descargara todas esas cosas oscuras sin estar lista para enfrentarlas, ni a volver a guardarlas o a hacerlas a un lado una vez que comenzaron a brotar de una manera tan incontrolable. En ocasiones, me sorprendía en el acto de desear que Vince fuera un poco más intuitivo, un poco menos predecible o que sus respuestas fueran más espontáneas en sus interacciones conmigo. Después, me percaté de que precisamente ésas eran las cualidades, o los defectos, que papá siempre exhibió a lo largo de mi vida y que habían infligido tanta destrucción en mi desarrollo, en todos sentidos. Tan seguro como que la muerte de papá fue necesaria antes de que yo pudiera abocarme al trabajo que tenía frente a mí, también lo fueron las condiciones de estabilidad y confianza que Vince me brindo en forma muy amorosa.

A pesar de que al principio no lo dijimos, Vince y yo llegamos a reconocer que yo iba a necesitar ayuda profesional para todo ello. En fechas recientes, había hecho amistad con una mujer llamada Lauren que había desempeñado trabajo misionero con su esposo en la isla de St. Vincent. El choque cultural que ella experimentó al regresar a la clase media de Ontario coincidió con mucha fuerza con mi propia sensación de ser distinta a los demás por provenir de un hogar homosexual. En su pasado, Lauren experimentó algunas circunstancias desafiantes de las cuales había logrado liberarse, por lo que presté atención cuando comenzó a comentarme acerca de un psiquiatra cristiano a quien había escuchado hablar en nuestra iglesia el domingo anterior. Lauren recibió buenos comentarios del doctor Blair y me sugirió probar con él. Vince también apoyó la moción.

Iniciar una terapia no fue una tarea fácil para mí. Un año antes, yo había visitado a una psiquiatra una docena de veces para que me ayudara a enfrentarme a la inminente muerte de papá, pero no llegamos a la raíz de las causas de nada. No estoy segura de haber estado lista entonces para un proceso completo de psicoanálisis. Más que todo, yo quería un oído atento y quizás algo de dirección sólida. Mas, cuando gran parte de la prognosis de esa loquera fue recetarme Prozac para ayudarme a lidiar con la vivencia, pronto decidí dejarlo por la paz. Como ya lo mencioné, es probable que yo todavía no estuviera lista para abrocharme las botas altas impermeables y explorar las cavernas más profundas, oscuras y hundidas de mi psique; sin embargo, intuí que no obtendría ningún avance en mi autoconocimiento si arrojaba unas cuantas capas de medicamentos a mi cerebro, así que dejé de tomar las píldoras y dejé esa terapia.

El hecho de que el doctor Blair ofreciera una terapia centrada en Cristo fue un gran aliciente para darle otra oportunidad a la psiquiatría. Muchas formas de psicoanálisis son antagónicas a las creencias religiosas y yo no estaba dispuesta a seguir algún régimen que minimizara o pretendiera eliminar mi fe; la cual, yo sabía, me había sostenido contra intimidantes obstáculos. Tras reunir suficiente valor, llamé por teléfono al doctor Blair y, de alguna manera, sentí alivio cuando escuché la invitación para dejar un mensaje en su grabadora telefónica. En su primer intento de buscar ayuda, muchos pacientes temen que sus situaciones sean tan horrendas e inquietantes que los médicos los rechacen en aras de un saludable sentido de autoconservación. A una máquina yo podía contarle mi predicamento con todo su horror y, si el doctor Blair no quería arriesgarse a involucrarse en ello, no tendría que responder a mi llamada.

"Necesito verlo —informé a la máquina—. Creo que he sido víctima de abuso sexual en la infancia. Tuve un padre homosexual que acaba de fallecer a causa del sida. No dudo tener también otros muchos problemas que debo resolver. Por favor, devuélvame la llamada si cree que puede ayudarme con todo esto". El doctor Blair sí se comunicó conmigo unas horas después y acordamos nuestra primera cita en el consultorio de su casa, una especie de sesión para sondearnos el uno al otro, según advirtió, para esa misma semana.

Decidida a recuperar el tiempo perdido y a superar pronto un sufrimiento que yo consideraba necesario, pero nunca sencillo, reservé citas dobles luego de iniciar. También, principié a trabajar con mi mamá. En nuestras irregulares conversaciones telefónicas, cuando ella compartía conmigo sus problemas de salud y me decía lo alejada que se sentía de todos sus hijos, yo la presionaba cada vez más para que me proporcionara detalles del abuso que yo había soportado cuando era bebé. Así como supe que papá moría de sida, a pesar de que nunca lo admitió, yo ya sabía la verdad sobre el abuso desde el fondo de mi corazón. Estaban esas desagradables pesadillas de mis años de infancia de volar por el aire sobre los cuerpos desnudos de mis padres y de ser presionada contra varias partes de sus piernas y torsos, lo cual despertó frustrantes sentimientos sexuales en mi interior. Yo sabía que no había inventado esas inquietantes imágenes y sensaciones. Luego, en años más recientes, había ocurrido la trastornada danza diabética de mamá, cuando cayó al suelo de rodillas frente a mí y, en un inconsciente estado de instintos en bruto, separó mis piernas en un aparente intento por deslizarse dentro de mí. Por Dios, ¿qué fue todo eso? No obstante, cuando mamá confirmó por fin lo que yo ya sabía, unos cuantos años después de la terapia, me dejó tan horrorizada como aliviada.

"¡Sí! Nosotros les hicimos eso —me confirmó por fin en un mar de llanto—. Nosotros colocábamos a ti y a Thomas sobre nuestros cuerpos. A tu padre le gustaba que ustedes succionaran nuestros pezones".

Sin duda asqueada por lo que me decía, mamá intentó culpar de todo a papá. "Fue su idea", me señaló, como si con ello lo arreglara todo. ¿Acaso una persona débil estaba libre de responsabilidad por compartir una culpa semejante; una persona que había sido traída a esta Tierra para proteger a sus hijos, pero que, en lugar de ello, había participado en cualquier estúpido programa que papá preparara para ampliar la cobertura letal de su vida sexual?

A continuación, en una estrategia aún más miserable, ella intentó implicar también a sus bebés gemelos. "Y debo decir que ustedes dos parecían disfrutar mucho cuando se frotaban contra nosotros", agregó. "¿De verdad, mamá? ¿Pudiste medir nuestra aceptación con nuestras risas guturales y nuestros gorjeos en aquella época? ¿O lo dices porque, casi tres décadas más tarde, yo aún lucho contra esos maravillosos años que vivimos mediante soportar agonizantes y humillantes conversaciones con un psiquiatra?"

Entonces, por último y, para mí, más aplastante, ella intentó invocar a la divinidad para evadirse. "Además, yo acudí a la iglesia y pedí perdón por eso, Dawn", confesó con un tono definitivo, como si ninguna respuesta adicional fuera posible. ¿Así que ella ya estaba libre de ese garfio particular y yo aún seguía colgada? "¿Así es como funciona el perdón, mamá? ¿El criminal queda libre mientras la víctima cuelga y se retuerce para siempre? Qué conveniente es para ti".

De manera que, sí, yo tenía varios temas pendientes por superar mientras conducía hacia el hogar del doctor Blair en un tranquilo vecindario localizado en una de las áreas más elegantes de la ciudad para nuestra primera cita. Ese vecindario me recordó nuestra última casa familiar en Forest Hill. Su casa, a pesar de ser más grande en escala, tenía el mismo tono de pintura marrón en los grabados de madera y los mismos detalles de piedra en la fachada. Más raro aún fue que, según me enteraría más tarde, mi próximo loquero vivió en la misma sección de Forest Hill durante algunos de los mismos años que nosotros. Es probable que, en ocasiones, nuestros caminos se hayan cruzado.

Cuando el doctor Blair vino por mí a su sala de espera, su semejanza con mi papá me puso un poco nerviosa. No eran idénticos, pero tenía los mismos ojos azules y el mismo cabello rubio oscuro, una constitución delgada similar y corta estatura, como él. En su consultorio, el sofá de cuero con el sillón y la otomana a juego trajeron a mi mente los gustos decorativos de papá, así como los objetos de arte sobre las diversas mesas y los estantes con libros alineados; aunque, en el caso del doctor Blair, yo sabía que la mayoría de esos libros sí habían sido leídos.

El doctor Blair tomó asiento en el sillón y yo aterricé en un extremo del sofá, miré alrededor y bebí el ambiente reposado de la habitación. Había una chimenea a lo largo de una pared y grandes puertas corredizas de terraza que se abrían hacia un jardín interior, muy bien cuidado. El doctor Blair, sólo siete u ocho años mayor que yo, aún era soltero en aquella época, mas resultaba evidente que sabía cómo crear un espacio atractivo y nutritivo; talento que muchos hombres, en especial los heterosexuales, no suelen poseer mucho. Él se reclinó en su sillón, con libreta y pluma en mano, y me evaluó con serenidad con lo que luego llegaría a conocer como la casi exenta de parpadeo mirada psiquiátrica. No era amenazante ni intimidante, pero me hacía sentir un poco cohibida, lo cual supongo que era apropiado si consideramos que el propósito general de nuestro trabajo en común sería traer a la luz plena de la conciencia todos los aspectos de mi persona.

Para esa primera sesión, el doctor Blair se dedicó a recabar información de mis antecedentes sobre la historia de salud de mi familia de ambos progenitores (tanto física como mental) y nuestros antecedentes religiosos y étnicos. Desde luego, yo le presenté una breve introducción a algunos de los horrores psicosexuales de mi infancia. Al crecer en ese manicomio, yo desarrollé pronto una estrategia defensiva en todas las situaciones sociales: sólo revelaba hasta donde me parecía cómodo mientras mantenía un estricto control sobre las impresiones que causaba en otras personas. Desde esa primera reunión con el doctor Blair, comprendí, cuando menos en teoría, que mi estrategia de labios cerrados y autoprotección sólo haría fracasar todo el propósito del análisis. Yo debía dejar en la puerta de su consultorio mi deseo de sentirme en control. La lucha contra ese impulso me dejaba sin aliento y expuesta. Mientras el doctor Blair emitía alguna interjección ocasional que influía en la dirección de mis palabras (además de escribir todo el tiempo en su libreta), tal parecía que yo efectuaba todo el trabajo. Así es como debía ser. Para que la terapia funcione, el paciente no puede ser reprendido ni se le debe indicar lo que tiene que hacer. El paciente debe descubrir su propia cura por sí mismo. Con cuidado y guiada con toda sutileza por el doctor Blair, yo escupí todos los vergonzosos secretos de mi vida, los saqué de debajo de la mesa, los puse sobre ésta y comencé a desenredar el imposible desorden que habían hecho con mi vida.

La autoridad masculina siempre ha sido un problema enorme para mí. Durante mucho tiempo, me preocupó que Vince me abandonara. En mi experiencia, eso era lo que la gente hacía; en particular, los hombres. Incluso con el hombre con quien me casé yo tenía un plan B en el fondo de mi mente, sólo en el caso de que tuviera que continuar sin él. Yo confiaba en poder seguir ese plan si era necesario. A pesar de no haberlo anticipado, ahora veo que un ingrediente esencial para mi exitosa terapia fue que mi psiquiatra fue un hombre. Cuando inicié mis sesiones, yo vestía prendas oscuras y sin forma. A medida que la terapia avanzó, empecé a portar ropa femenina más distintiva, como vestidos de colores, y me volví mucho más consciente de las formas de mi cuerpo. En aquel momento, no comprendí que ésa era una gran parte de mi recuperación; que el hecho de admitir mi naturaleza femenina, llegar a aceptarla o incluso celebrarla fuera, de hecho, la clave central de mi recuperación.

En este proceso, ayudó mucho que el doctor Blair fuera un hombre maravilloso, gentil y considerado. Dado que sabía poco acerca de sus antecedentes, resultaba fácil idealizarlo. En ocasiones, prestaba libros a algunos de sus pacientes sobre temas relacionados con su problemática y que habían surgido en su terapia. Y los libros, por supuesto, habían sido la divisa de mis primeros intercambios con Vince. Yo sabía que el doctor Blair era generoso con todos sus pacientes, pero me sentí abrumada cuando me ofreció cubrir mis gastos para que asistiera a una conferencia en Toronto sobre homosexualidad. Yo acepté su ofrecimiento y descubrí muchas cosas acerca de mi padre y del legado psicológico de crecer en nuestro hogar, así como del trabajo que yo debía llevar a cabo para repararlo. Hora tras hora y semana tras semana, la generosidad y preocupación del doctor Blair por mi bienestar cambió de manera significativa mi perspectiva sobre los hombres. Por fin, empecé a creer que el principio masculino, incluso la autoridad masculina, podían ser fuerzas para el bien en este mundo.

Debido a que el doctor Blair adoptó una especie de función paternal para mí, los sentimientos relacionados con mi padre comenzaron a cobrar vida dentro de mí de la manera más desordenada. No sólo sentí rabia hacia un padre que nunca había estado presente para apoyarme o para afirmarme por ser quien era: lo que al final surgió fue el lado contrario de todo aquello. En parte, yo estaba cegada por todo el poderoso atractivo de todas las virtudes masculinas que nunca había visto en nuestra casa. Ahora, me enfrentaba a sentimientos positivos, a respuestas naturales y a una receptividad y vulnerabilidad nuevas por completo, a las manifestaciones masculinas. Lo que hace tan complicado que una niña crezca con un padre homosexual es que nunca lo ve amar, honrar o proteger a las mujeres de su vida. En la persona del doctor Blair me sorprendió contemplar a un hombre que tenía poder e influencia y quien, no obstante, se mantenía tan humilde y tan comprometido en ayudar a los demás. He aquí a un hombre que se identificaba con el sufrimiento y no escapaba de éste, que era soltero y no intentaba conquistarme.

En esa extraña inundación de emociones desatadas, yo sentí como si algo frío y rígido se derritiera en mi corazón. Me tomó un poco de tiempo recuperar la compostura y pronto reconocí, con gran recelo, que albergaba fuertes sentimientos personales hacia el doctor Blair. Un sentido innato de mi ser femenino principiaba a florecer tras ser víctima del rechazo y el abuso durante tantos años.

En una de nuestras primeras sesiones, pude darme cuenta de que el doctor Blair asumía que yo había tenido una vida promiscua. Cierto es que, por lo regular, ése es el patrón que siguen las hijas que crecen en hogares tan caóticos respecto de la sexualidad como lo fue el mío. Tan inconsistente e intermitente como pudo ser, sólo mi fe cristiana me contuvo de caer en una vida de ese tipo.

Yo sabía que mi sexualidad se alineaba en forma correcta y recobraba la vida de modo tan absoluto porque descubrí cualidades particulares en el doctor Blair que me parecían sobrecogedoras y atractivas. Su natural presencia masculina y su carencia de interés sexual en mí penetraban mediante cada obstrucción desde mi infancia y extraían los deseos femeninos enterrados en mi interior. Nunca antes había expresado dichos sentimientos con libertad en mi vida, ni siquiera a Vince. Con frecuencia, contraemos matrimonio con una persona con quien tenemos sólo el grado de intimidad que podemos soportar en ese momento; alguien que no va a amenazarnos en modo alguno. Ése fue el refugio necesario que yo había buscado y hallado en el infinitamente paciente Vince, cuyo apoyo siempre era firme. No obstante, ahora, en mi trigésimo año de vida, yo ya no quería un santuario ni un refugio. Por primera vez en mi existencia, me regocijaba ante la total madurez de mi feminidad y anhelaba responder de una manera no defensiva y apasionada ante un hombre. Pero el hombre que despertaba todas esas urgencias primarias en mí no era mi esposo: era mi loquero. A pesar de lo excitante y liberadora que fue esta transformación, yo no sabía cómo proceder o cómo ser platónica y profesional acerca de todo eso. No quería tener una aventura con mi terapeuta y no existía motivo alguno para creer que el doctor Blair la deseara también. Era grandioso sentirme tan viva en términos emocionales, mas me inquietaba sentir que actuaba al nivel de una niña de ocho años de edad quien ha visto su primera película de Cary Grant.

Solicité una reunión especial con el doctor Blair para discutir mis preocupaciones. Ahora me doy cuenta, con una pizca de vergüenza, que él sabía a la perfección lo que ocurría. Ese proceso de transferencia que yo atravesaba —proyectar todos los sentimientos positivos de mi despertar en el terapeuta que había supervisado ese proceso— no es poco común. Un paciente es terriblemente vulnerable y abierto a la manipulación en esa etapa. Si en ese momento el psiquiatra no es tan profesional o quizá corresponde a cierta parte de la atracción que su paciente siente, pueden ocurrir, y a veces ocurren, terribles abusos.

Luego de intercambiar saludos tomé asiento en el sofá y el doctor Blair me miró durante largo rato sin decir ni una palabra, con una expresión de gentileza y vaga diversión en su rostro. Parecía pensar en algo cuando, en forma abrupta, se incorporó, tomó un par de tijeras pequeñas de su escritorio y salió a rebuscar en su jardín. Se movió por allí de una planta a un arbusto y a un árbol para inspeccionar y seleccionar las flores más perfectas; luego, las cortó con todo cuidado, a buena distancia de sus ramas. Tras reunir esos brotes, sostuvo cada uno durante un momento hacia la luz del sol y lo hizo girar para asegurarse de que fuera inmaculado.

Este comportamiento fue bastante inusual, aunque no puedo decir que me sintiera alarmada o siquiera confusa por sus actos. Me encantaba contemplarlo allá afuera. Parecía menos un médico y más un hombre... de alguna manera, un poco mayor y más frágil, mucho más sensible que los hombres a quienes había llegado a conocer. De algún modo comprendí por intuición que lo que sucedía aún era terapia de alguna especie, pero que la habíamos llevado del nivel médico-paciente a otro nivel sub-verbal, incluso arquetípico. Era más una danza que un análisis.

El doctor Blair regresó al cabo de algunos minutos con un ramo suelto de flores que llevó a una habitación adyacente. Un instante después, reapareció con tres flores acomodadas con gran arte en un simple florero de vidrio y con todo cuidado lo colocó sobre una mesa, junto a mí. Este hermoso gesto me conmovió en forma tan profunda que, sin reflexión previa, exclamé: "¡Usted sí sabe cómo afirmar la feminidad y la condición de ser mujer! ¿Verdad?"

Sus modales eran serenos, relajados, casi juguetones. Pasó junto a mí, se sentó en su sillón y descansó la parte trasera de su cabeza en sus manos entrelazadas. No fue necesario que dijera nada más; todo había quedado expresado en su gesto. Como hombre, el doctor Blair me había rendido tributo a mí como mujer. Pero él no era mi hombre y yo no era su mujer, de manera que ambos nos sentamos en asientos separados. Antes de la terapia, para mí ser mujer era como actuar un papel teatral, como ser una persona que por accidente vivía en un cuerpo femenino. Ahora, había llegado a comprender que mi cualidad como persona y mi feminidad estaban conectadas de modo íntimo e indivisible. Ser mujer forma parte del individuo que soy. Una vez que se afirmó mi conciencia sobre mi propia feminidad y pude sentir que se incrementaba mi necesidad de intimidad, fui consciente de que la mayor parte de mi trabajo con el doctor Blair ya había finalizado. Casi de inmediato comencé a albergar profundos deseos de tener hijos por primera vez. Y sabía que quería tener esos hijos con Vince.

No me ocurrió otro asombroso esbozo de simetría sino hasta mucho tiempo después de la terapia: reflexionaba en retrospectiva acerca del simple, y para mí esencial, obsequio de unas cuantas flores en un jarrón de vidrio y todo lo que aquello había significado para mí en términos de asumir la propiedad total de lo que yo era, como persona y como mujer. Entonces, recordé esas acuarelas en la pared de la habitación de mi papá: las flores con largos tallos en un jarrón de cristal que yo destruí por completo en un furioso arranque de frustración hacia un padre que nunca pudo afirmar a la persona que soy en esencia.

A pesar de haber podido permanecer durante más tiempo en terapia, sentí que el trabajo principal ya estaba hecho y que ya era tiempo de partir; de hecho, que Dios ya quería que partiera. No obstante todo el bien que esas sesiones habían logrado, supe que se habían vuelto demasiado centrales en mi vida. Aunque él respetaba los límites en forma absoluta, yo sabía que estaba demasiado vinculada con el doctor Blair en sentido emocional. En resumen: sentí que no había nada más que yo hubiera podido procesar en ese momento sin, en sustancia, repetirme. Además, en términos emocionales, sabía que estaba en peligro de continuar en una zona inapropiada. Mi mente, mis emociones y mi voluntad respondían de una manera nueva y positiva a la masculinidad. Ahora, ya era tiempo de retirar mis proyecciones del doctor Blair y resolver todos esos temas con el hombre con quien me casé.

Epílogo

Sólo me reuní con mis hermanos unas cuantas veces tras la muerte de mamá y no hemos intercambiado palabras de algún tipo durante más de tres años hasta hoy. Tras iniciar muchas llamadas telefónicas a lo largo de las últimas décadas y descubrir que mis hermanos casi nunca me devolvían el favor, he decidido dejar la pelota en su cancha durante un tiempo y ver si algo mejora. Sé que sólo fue mi trabajo en terapia y mi fe lo que me permitió salir de debajo de los escombros de nuestro profundamente desordenado hogar y vivir una vida decente a la luz de la conciencia plena. He sido capaz de hacerlo de una forma en que ellos nunca lo han conseguido. Vince sospecha, y yo creo que quizá tiene razón, que mi fe en Cristo y mi disposición a someterme a terapia han incomodado a mis hermanos y es probable que hayan contribuido a la distancia entre ellos y yo.

Scott no simpatiza conmigo ni capta mis propósitos para escribir este libro, tal vez porque él era mucho menor y con toda intención evitó tanta de nuestra vida hogareña como pudo. De hecho, prefirió ocultar cualesquiera secretos familiares de los cuales estaba enterado y sólo eligió reflejar el lado más brillante. En un impulsivo arranque de solidaridad fraternal, Thomas me envió una carta de ánimo y apoyo poco antes de que yo presentara un breviario a un Comité del Senado Canadiense cuando se deliberaba agregar la orientación sexual como una categoría de protección bajo la legislación de los crímenes de odio. A pesar de que su posterior silencio ha sido tan total como el de Scott y de que yo no podría, con toda honestidad, describir mi relación con alguno de los dos como cercana, aún los amo y vivo con la esperanza de que algún día seamos más que lo que ahora somos los unos para los otros.

Por medio de visitas y cartas ocasionales, además de numerosas llamadas telefónicas, logré una buena medida de perdón y paz en mi relación con mamá para cuando ella falleció, a los 67 años de edad, a causa de complicaciones de la diabetes contra la cual luchó toda su vida. Yo procuré el primer acercamiento cuando admití ante ella que, no obstante mis dudas sobre la sabiduría de su prisa para contraer nupcias con Al, él me había ganado poco a poco. Como parte de mi desconfianza general hacia los hombres como especie, yo juzgué mal a ese hombre particular al principio y temí que sólo se casara con mamá por su dinero. De hecho, él siempre mostró gentileza, atención y apoyo infalibles hacia ella durante los trece años de su matrimonio y no se acobardó cuando la cuidó en los dolores, decepciones e indignidades de la salud en declive. Asimismo, llegué a reconocer que, debido a la edad que ellos tenían y con el tiempo tan limitado que tuvieron para estar juntos, quizá no fuera necesario que mamá informara a Al todos los aberrantes detalles de su vida con papá. En cualquier caso, era muy poco lo que él hubiera podido arreglar al respecto. Lo que sí podía hacer, y lo hizo, Dios lo bendiga, fue engrandecer la vida de mi madre con un capítulo final en el cual ella fue adorada como mujer y amada con una constancia que ella nunca antes conoció.

Seis meses antes de su muerte, mamá correspondió a mi gesto sanador: me llamó por teléfono para pedirme perdón respecto de Vince. Atrapada dentro de la misma perspectiva materialista que mi padre y mis hermanos, ella lo había criticado con dureza durante años y lo había menospreciado por ser un proveedor inadecuado. "Tu esposo es un hombre bueno y moral —afirmó— y eso es lo que en verdad importa".

Al me llamó para avisarme que mamá había muerto unos cuantos días después de que yo había destetado a nuestro segundo vástago. Fue luego del Día de Acción de Gracias de 2001, casi diez años después del día posterior al fallecimiento de papá. En mi viaje a casa desde el funeral en Florida, en ocasiones los rayos del sol se reflejaban en el ala del avión con tal fuerza que yo no podía asomarme por la ventana. Tras cerrar los ojos para orar y reflexionar, me percaté de que debe existir alguna especie de mensaje en la sincronía de la muerte de mis padres. ¿Debía yo sentirme agradecida por mis padres, y por la vida misma, sin importar lo dolorosos y confusos que hubieran sido mis primeros años con ellos? Yo comenzaba a aproximarme a esa convicción luego de haber dado a luz a un hijo y a una hija.

El hogar que Vince y yo brindamos a nuestros hijos era muy distinto al hogar donde crecí y yo ya era capaz de aceptar que Dios debió elegir a mis padres por alguna razón. Mi deber cristiano era aprender algo importante a partir de toda la miseria y todo el caos del inicio de mi vida y compartir mis reflexiones, obtenidas con gran esfuerzo, con el mundo. Mis padres ya habían partido. Aunque yo me mantendría muy involucrada con la crianza y la enseñanza de nuestros hijos durante las décadas por venir, sus años de infancia ya habían transcurrido. Nuestros dos hijos crecían.

Al volar a casa a través de esas cegadoras y deslumbrantes nubes en el otoño de 2001, flotante en el aire durante algunos momentos de tranquilidad entre el mundo en el cual nací y el que yo había creado con Vince, descubrí que, aunque no podemos cambiar el pasado, el futuro resplandece con fuerza, y que con mi fe para guiarme y con mi familia a mi lado, yo enfrentaré lo que se me presente con valor y gracia.

Comentario final

Hemos llegado al final de la historia de Dawn. Quizás en el futuro, ella nos ofrezca más relatos sobre su vida o nuevas perspectivas acerca de sus experiencias familiares, pero, por ahora, deseamos brindarle nuestro agradecimiento por su disposición para ser tan abierta y vulnerable al compartir con nosotros un material tan profundamente personal. Esperamos que su honestidad inspire a otras personas para que también compartan su vida. Para aquellos a quienes intrigaron las revelaciones de Dawn y quisieran averiguar más sobre ella, sugerimos que visiten su sitio electrónico: www.dawnstefanowicz.com, donde podrán leer breves relatos adicionales de otros adultos que han crecido en hogares similares.

Sobre la autora

Dawn Stefanowicz empatiza con quienes luchan contra la confusión sexual, aunque reconoce lo importante que es, para nosotros, para nuestros hijos y para los legisladores, el hecho de tomar las decisiones adecuadas en cuanto al tema de la sexualidad humana. Tras crecer en un hogar "alternativo" con un padre homosexual, sus parejas y una mamá pasiva, ella afirma que los niños reciben un poderoso efecto a largo plazo de sus estructuras familiares, de sus condiciones de vida y de las reglas que gobiernan su hogar y sus ambientes vecinos. Incluso en medio del conflicto y el caos de su niñez, Dawn tuvo el intenso valor no sólo de sobrevivir a su situación, sino de aprender lecciones de vida dentro de esa abrumadora confusión. Ahora, ella tiene el propósito de compartir sus reflexiones con el mundo.

A partir de la muerte de su padre a causa del sida en 1991 y del fallecimiento de su madre, diez años después, Dawn se enteró también de que ninguna de las numerosas parejas de su padre sigue aún con vida. Ella se ha convertido en una vocera honesta en los medios de comunicación masiva en cuanto a la seguridad y la salud emocional de los niños. A pesar de que amó a su papá, y después de escuchar sus múltiples lamentos, con gentileza comparte sus momentos de gozo junto con sus tribulaciones, dolor, temor y confusión acerca de la exposición temprana a las actividades sexuales y sobre el abuso sexual infantil de una forma que ampliará la comprensión del lector.

Dawn Stefanowicz, quien vive en London, Canadá, es autora publicada, conferencista, contadora titulada y educadora en el hogar. Ahora casada durante 23 años, ella y su esposo tienen dos hijos y son muy activos en su iglesia y en su comunidad. Gracias a su participación en juntas profesionales y ante legisladores de Canadá y Estados Unidos de América, ha defendido las necesidades de los niños, de las familias y de la sociedad en cuanto a asuntos públicos sobre sexualidad y ha compartido el mensaje contenido en sus artículos publicados: "The Sad Side of Gay Parenting" (Mercatornet, 2007). "Life With a Gay Father: My Story" (NARTH, 2007) y "Same Sex Marriage: Have the Best Interests of Children Been Considered?" (Agape Press, 2005).

Las traumáticas experiencias visuales y los oscuros secretos que acechan debajo de la superficie en un hogar homosexual dejaron a Dawn muy confundida, agonizante e impresionada a largo plazo, al tiempo que los compañeros masculinos de vivienda comenzaron a residir en su casa inmediatamente después de su nacimiento. En su primer libro, *El impacto de la paternidad homosexual*, ella describe sus inquietantes experiencias y el efecto expansivo de las decisiones adultas, las conductas sexuales de alto riesgo y las múltiples parejas que desfilaban ante ella en su hogar. Dos décadas de exposición directa a esas estresantes experiencias en el hogar y a las subculturas le causaron emociones desesperadas, pesadillas y confusión sexual mientras luchaba contra la consecuencia de la homosexualidad. A pesar de todo ello, Dawn se acercó de modo amoroso a su padre cuando sus decisiones de vida manifestaron sus consecuencias... luego, buscó su propia recuperación para poder brindar un servicio a los niños como ella misma, que con frecuencia sienten, como ella sintió, demasiado temor como para hablar por sí mismos.

Para obtener más información, por favor visite el sitio electrónico

www.dawnstefanowicz.com

Notas finales

1. A menos que se indique lo contrario, todas las Escrituras fueron tomadas de la versión King James de la *Biblia*.

2. Las referencias de las Escrituras marcadas con NIV fueron tomadas de Holy Bible, New International Versión®, NIV®. Derechos reservados © 1973, 1978, 1984 para la International Bible Society. Utilizadas con la autorización de Zondervan. Todos los derechos reservados.

Esta edición se imprimió en febrero de 2011,
en Acabados Editoriales Tauro, S.A. de C.V.
Margarita No. 84, Col. Los Ángeles,
Deleg. Iztapalapa, C.P. 09360, México, D.F.